MMXVII
Two Thousand Seventeen
(Sesquicentennial Poems)

दो हजार सत्तरां
(सेस्क्विसेन्टेनियल कविताऐं)

Richard M. Grove

रिचार्ड एम. ग्रॉव

and/तथा

John B. Lee

जॉन बी. ली

S

Sanbun Publishers

सैनबन पब्लिशर्स

New Delhi

नई दिल्ली

ISBN: 978-93-84972-94-3

Sanbun Publishers
403 Imperial Tower, Naraina Commercial Centre,
C-Block Naraina Vihar, New Delhi-110028
Tel.   : 98101-94729
E-mail : sanbunpublishers@hotmail.com

Library Cataloguing
Richard M. Grove & John B. Lee, MMXVII–T wo Thousand Seventeen, S.C., Pg.16 8, Rs.250.00, CAN $28.00 2018
Typeset in 10pt Palatino by Golden Printographics, New Delhi

Contents/अनुक्रमणिका

Of Place and Time / जगह और समय का
Richard M. Grove – रिचार्ड एम. ग्रॉव

Beyond the Last Sandbar / पिछले रेतबार से परे

John B. Lee – जॉन बी. ली

Of Place and Time
जगह और समय का

Richard M. Grove
रिचार्ड एम. ग्रॉव

For my dear wife
Kimberley

मेरी प्रिय पत्नी
किम्बरली के लिए

July 23, 2017

Hi John:
I am sitting at my computer,
in the cool of my basement office,
reviewing your wisdom-filled edits of my ms.
Thank you for all of them.
The learning was valuable,
thank you gentle friend.

Tai

23 जुलाई, 2017

हाय जॉन
मैं अपने कंप्यूटर पर बैठा हूं,
मेरे तहखाने कार्यालय के शांत में,
अपने एमएस के अपने ज्ञान-भरा संपादन की समीक्षा करें
उन सभी के लिए धन्यवाद
सीखना मूल्यवान था,
नम्र मित्र को धन्यवाद

ताई

March 26, 2016

for John B. Lee

Dear John:
A few days ago we experienced a winter storm.
Everything was covered with an inch of ice.
Shining branches bowed in submission
My car a glistening sculpture.
Against my better judgment
I went out for a walk on that day and slipped
and fell hard. Picture this Blue Bear,
as Adonay calls me, flying in the air
winter boots three feet off the ground
landing square on my back followed by
my coconut head cracking the ice.
I rolled to my side gasping. Ten seconds,
fifteen, twenty seconds passed
before I could haul a breath of life
back into my collapsed lungs.
In those twenty seconds I thought I was going to perish
without saying good bye to you. My lungs
billowed back to life as I lay on the frozen road.
Kim paralyzed, helpless, praying.

When you are trying to stand back up,
after a sack-of-potatoes fall like this,
in the middle of a frozen road

मार्च 26, 2016
जॉन बी ली के लिए

प्रिय जॉन:

कुछ दिन पहले हम एक सर्दियों तूफान का अनुभव किया।
सब कुछ बर्फ के एक इंच के साथ कवर किया गया था
प्रस्तुत शाखाओं को प्रस्तुत करने में झुकाया
मेरी कार एक चमकदार मूर्तिकला
मेरे बेहतर निर्णय के खिलाफ
मैं उस दिन चलने के लिए बाहर गया और फिसल गया
और मुश्किल से गिर गया। इस ब्लू भालू तस्वीर,
जैसा कि एडोनी मुझे फोन करता है, हवा में उड़ता है
शीतकालीन जूते जमीन से तीन फुट दूर
मेरी पीठ पर लैंडिंग स्क्वायर उसके बाद
मेरे नारियल के सिर में बर्फ काटना
मैं अपनी तरफ हांफने लगी। दस सेकंड,
पन्द्रह, बीस सेकंड उत्तीर्ण
इससे पहले कि मैं जीवन की एक सांस को खींच सकता था
मेरे गिरते फेफड़ों में वापस
उन बीस सेकंड में मैंने सोचा कि मैं नाश हो रहा था
आप को अलविदा कहने के बिना मेरे फेफड़ों
जिंदगी में वापस लौटे, क्योंकि मैं जमे हुए सड़क पर था।
किम पंगु बना, असहाय, प्रार्थना करते हुए

जब आप बैक अप खड़े करने की कोशिश कर रहे हैं,
एक बोरी के आलू के बाद इस तरह गिर जाते हैं,
एक जमे हुए सड़क के मध्य में

there is nothing to grasp but God's great wing.
I shimmied, danced and skated myself erect
back to my six feet, two inch view of the world.
That is a long way for a bulk like me to land
without a runway or parachute.

In contrast, today, only one day later
I am out working in the garden.
I just came in from doing some winter clean up
in the front flower bed – raking and pulling
dead plants from the sun-bathed earth,
ice still lingering in the shade,
beneath the bushes, on the north side of the house.
It is a sunny gorgeous fourteen degrees Celsius, iceless road,
cloudless sky – tonight promises to be plus three degrees.
I'm working in short sleeves,
wiping sweat from my brow as I dug.
How wonderful it is to be digging.
How wonderful to be able to dig.

वहाँ समझने के लिए कुछ भी नहीं है, लेकिन भगवान की महान शाखा है
मैं झिलमिलाहट, नश्त्य किया और खुद को खड़ा किया
वापस मेरे छह फुट, दुनिया के दो इंच श्य
यह मेरे जैसे बड़े हिस्से के लिए एक लंबा रास्ता है
एक रनवे या पैराशूट के बिना

इसके विपरीत, आज, केवल एक दिन बाद में
मैं बगीचे में काम कर रहा हूं
मैं कुछ सर्दियों को साफ करने से ही आ रहा हूं
सामने के फूलों के बिस्तर में – रैकिंग और खींच
सूरज नहाया पश्थ्वी से मश्त पौधों,
बर्फ अभी भी छाया में सुस्त,
घर के उत्तर की ओर, झाड़ियों के नीचे
यह एक सनकी भव्य चौदह डिग्री सेल्सियस, ऐरेसेस रोड,
बादल रहित आसमान – आज रात को प्लस तीन डिग्री होने का वादा किया गया है
मैं छोटी आस्तीन में काम कर रहा हूं,
मेरे माथे से पसीना पोंछते हुए जैसे मैंने खोदा।
खुदाई करना कितना बढ़िया है
खुदाई करने में सक्षम होने के लिए कितना बढ़िया है

Facing South

November 10
for John B. Lee

Dear John:
I just returned from a bike ride to the beach
where I'd gone to watch the sunset. We might have shared
the same tangerine horizon fading from rose
over steel-blue gaze, dipping to silence.

Though waters differ
our shores, hundreds of miles apart
face the same direction, calling us south to Cuba.

Dimming cloudless sky rakes bare branches,
black, resting in sliver moon's silver slide.
Thousands upon thousands, waves
of Red-breasted Mergansers dip and glide east,
into darkness
undulating, riding primitive tide of survival
under Jupiter's timeless eye.

your brother, tai

दक्षिण का सामना करना पड़ रहा

10 नवंबर
जॉन बी ली के लिए

प्रिय जॉन:
मैं बस एक बाइक की सवारी से समुद्र तट तक लौटा था
जहां मैं सूर्यास्त देखने गया था हमने साझा किया हो सकता है
गुलाब से एक ही कीनू क्षितिज लुप्त होती है
स्टील-नीला टकटकी पर, चुप्पी की सूई

हालांकि पानी अलग है
हमारे किनारे, सैकड़ों मील के अलावा
उसी दिशा का सामना करना, हमें दक्षिण क्यूबा को कहते हुए

बादल छाए रहेंगे नंगे शाखाएं,
काला, झुकाव चंद्रमा की चांदी की स्लाइड में आराम।
हजारों हजारों तरंगें
रेड-ब्रेस्टेड मर्जर्स के दुबकी और पूर्व की ओर झुकना,
अंधकार में
अस्तित्व के आदिम ज्वार की सवारी करना
बशहस्पति की कालातीत आँख के नीचे

आपके भाई, ताई

Aching to be on the Water

March 22

With morning blur I look past
burgundy blooms of my re-flowering orchid
to motionless grey branches.
Red-winged blackbirds and finches arrived last week.
As if in a panic, dogs barking at my heels, fire lapping,
I rummage for my life jacket. With a shrill
I blew the cobwebs from my emergency whistle,
grabbed my toque and gloves and headed to wake
my kayak from a five-month slumber.

Scratched over winter's dirty gravel shore,
I slip her belly into freezing lake,
skimming to freedom.
Fluffy flakes free-fall through
sullen sky, freckling
mirrored cove, melting
on bobbing green prow.

It is well past middle March
but still there were crystals of ice
on south shore hidden
in deep shadow, death clinging
to last year's rushes.

पानी पर चोट लगना

22 मार्च

सुबह धब्बा के साथ मैं अतीत को देखता हूं
मेरे फिर से फूल आर्किड के बरगंडी खिलता है
स्थिर ग्रे शाखाओं के लिए
लाल पंख वाले ब्लैकबर्ड्स और फिंच पिछले हफ्ते पहुंचे।
जैसे कि एक आतंक में, कुत्ते मेरी ऊँची एड़ी के जूते पर भौंकने, आग लापता,
मैं अपने जीवन जैकेट के लिए छुटकारा। एक कड़ाही के साथ
मैं अपने आपातकालीन सीटी से पट्टियां उड़ा दीं,
मेरे टोके और दस्ताने को पकड़ा और जगा
पांच महीने की नींद से मेरा कयाक

सर्दियों के गंदे बजरी तट पर खरोंच,
मैं ठंड झील में उसके पेट पर्ची,
स्वतंत्रता के लिए स्किमिंग
फ्लाली गुच्छे के माध्यम से गिरते
सोलन आकाश, फिकरिंग
मिररिंग कोव, पिघलने
हरे भोंकली

यह अच्छी तरह से पिछले मध्य मार्च है
लेकिन अभी भी बर्फ के क्रिस्टल थे
दक्षिण तट पर छिपा हुआ
गहरी छाया में, मश्त्यु को पकड़ना
पिछले साल के लिए जाती है

I paddled first into calm
testing my steel.
With confidence gained I headed north
past the tip of Salt Point into waves
of an east wind pushing quickening foam
over bow. I zipped my collar
tight, snugged the straps of my life jacket,
tilting my strokes towards lighthouse.

Gloved fingertips now wet and freezing,
lap splashed, bobbing wildly
in troughs of black.
I swing east around Boulder Island,
I glide west surfing,
by wind and waves, south back
into the leeside calm of cove.
As I drag my kayak from lapping shore
placed back into its bed of crunching leaves
my spirit sings.

मैं शांत में पहले पैडल्ड
मेरे स्टील का परीक्षण
आत्मविश्वास के साथ मैं उत्तर का नेतश्त्व किया
नमक बिंदु की लहरों में लहरों की तरफ पिछले
पूर्व की हवा में तेजी से फोम लगाने के लिए
धनु ा पर मैंने अपने कश्लर को जिप किया
तंग, मेरे जीवन की जैकेट की पट्टियों को सजला,
लाइटहाउस के प्रति मेरा स्ट्रोक झुकाव

चमकदार उंगलियों अब गीला और ठंड,
गोद छिड़क, बेवकूफी धड़कता है
काले रंग के गर्त में
मैं बोल्डर द्वीप के आसपास पूर्व स्विंग,
मैं पश्चिम सर्फिंग सरक गया,
हवा और लहरों से, दक्षिण में वापस
कोव के लीसेड शांत में
जैसा कि मैं किनारे से लहराते हुए मेरा कयाक खींचता हूं
बतनदबीपदह पत्तियों के अपने बिस्तर में वापस रखा
मेरी आत्मा गाती है

High Bluff Island September 11, 2010

on the 9th anniversary of 9/11/01

The island is eerily quiet now
still
golden rods bowing gently
to fluff-headed thistles
sending their seeds, parachuting
next year's generation perpetuated

the seething cacophony
of writhing life has turned
to a battlefield of skeletal remains
dead gulls, cormorants, terns,
twisted sun-bleached rags,
progenitors legacy, now hollow
shells, tomorrow's dust
the foundation of life.

हाई ब्लफ द्वीप 11 सितंबर, 2010

9.11.01 की 9वीं वर्षगांठ पर

द्वीप अब बेहद चुप है
फिर भी
सोने की छड़ें धीरे से झुक रही हैं
फुप्फुस की ओर झुका हुआ
अपने बीज भेजने, पैराशूटिंग
अगले साल की पीढ़ी कायम थी

उभरा कर्कशता
जिंदगी का जीवन बदल गया है
कंकाल अवशेष के युद्ध क्षेत्र में
मशत गुल, कश्मरिरिंट, टर्न,
मुड़ें सूरज-प्रक्षालित लत्ता,
पूर्वजों की विरासत, अब खोखले
गोले, कल की धूल
जीवन की नींव

Bike ride was cold to iced edge

sunsets over lake
grey pink quivers
in February breeze

बाइक की सवारी ठंडा करने के लिए ठंडा था

झील के ऊपर सूर्यास्त
ग्रे गुलाबी क्विस
फरवरी की हवा में

Jan 24, 2016

For Manuel in Cuba

No cabin fever for Kim and me.
We just got back
from a 90 minute snow-filled hike
through the still, calm woods to the lake.
We sat on the banks of chattering ice
mesmerized by rose horizon
melting
into grey ice sheets,
moaning
in the distant,
mist-filled forever.

24 जनवरी, 2016
क्यूबा में मैनुअल के लिए

किम और मेरे लिए कोई कैबिन बुखार नहीं
हम बस वापस आ गए
एक 90 मिनट बर्फ से भरे वृद्धि से
झील में अभी भी शांत, जंगल के माध्यम से
हम बकबक बर्फ के किनारे पर बैठे थे
गुलाब क्षितिज द्वारा मंत्रमुग्ध
गलन
ग्रे बर्फ की चादरों में,
कराह रही है
दूर में,
हमेशा के लिए धुंध भरा

Raining

July 14, 2016

Dear Miguel

A clap of thunder
shook the house last night at two
in the morning. I was sound asleep
and leapt out of my skin. The rain
so strong.
I did not know the source of noise
– fire clawing at the house,
a jet engine blasting
outside my bedroom window.

I quickly fell back asleep and woke at five a.m.
to find the street dry,
the air heavy and grey
clearing to blue in the afternoon.

I found a wet raccoon in the live trap
that I had set the night before
I went to bed.
A family of bandits
has been ripping up my tomato plants
and attacking my bird feeders.

बारिश हो रही

14 जुलाई, 2016

प्रिय मिगुएल

गड़गड़ाहट की एक ताली
कल रात दो घर पर घर को हिलाकर रख दिया
सुबह में। मैं सो रहा था ध्वनि
और मेरी त्वचा से बाहर निकल गया बारिश
इतना मजबूत।
मुझे शोर के स्रोत नहीं पता था
– घर में आग लगा दी जाती है,
एक जेट इंजन ब्लास्टिंग
मेरे बेडरूम खिड़की के बाहर

मैं जल्दी से सो गया और पांच बजे उठ गया।
सड़क सूखी खोजने के लिए,
हवा भारी और ग्रे
दोपहर में नीले रंग की समाशोधन।

मुझे लाइव ट्रैप में एक गीला रेकून मिला
कि मैंने रात को पहले सेट किया था
मैं सोने गया।
डाकुओं का एक परिवार
मेरे टमाटर पौधों को तेज कर दिया गया है
और मेरे पक्षी भक्षण पर हमला

I will drive him to a forest where he can live
in peace with nature. My neighbour Brian
fed him a scrap for the ride.
I said I was going to drive my four-legged son
to camp. I hope he never comes home.

Today is a time for office work.
It looks like it might rain all day.
A good one for pushing words.

I hope Alina's arm is better.

Hugs from Canada,
Tai

मैं उसे एक जंगल में ले जाऊंगा जहां वह जी सकता है
प्र ति के साथ शांति में मेरे पड़ोसी ब्रायन
उसे सवारी के लिए एक स्क्रैप खिलाया।
मैंने कहा था कि मैं अपने चार पैर वाला बेटा ड्राइव करने जा रहा था
शिविर में। मुझे आशा है कि वह कभी घर नहीं आएगा

आज कार्यालय के काम के लिए एक समय है
ऐसा लगता है कि यह पूरे दिन बारिश हो सकता है
शब्दों को धक्का देने के लिए एक अच्छा

मुझे उम्मीद है कि अलीना का हाथ बेहतर है

कनाडा से हग्स,
ताई

A desk glance of a full moon

for Manuel in Cuba

oh my goodness i just looked up over my computer monitor,
past the spent orchid potted on my sill, past the compact-
florescent glare on windowpane, past the black silver traced
cedar across the street, past the lamp post, past shifting clouds,
to the hovering glow of a full moon. It reminds me of just how
huge the sun must be for there to be a full moon and no eclipse,
how small i am but still my upraised thumb extinguishes its
glory. i move my thumb and clouds have shifted obliterated
the moon's existence, the white stone gone, now only a fractured
moment later it is back.

how fast is it travelling while standing still for me?

एक पूर्णिमा की एक डेस्क नजर

क्यूबा में मैनुअल के लिए

ओह मेरी भलाई मैं सिर्फ अपने कंप्यूटर मश्नीटर पर नजर रखी थी, बिताए हुए आर्किड से पहले मेरी खिंचाव पर खड़ा हुआ था, खिड़की पर कश्म्पैक्ट फ्लोरोसेंट चमक से पहले, काले चांदी के पीछे, सड़क के चारों ओर देवदार का पता चला, दीपक पोस्ट के पीछे, पिछले बादलों को बदलते हुए, एक पूर्णिमा की मंडराना चमक यह मुझे याद दिलाता है कि एक पूर्णिमा होने के लिए सूर्य कितना बड़ा होना चाहिए और कोई ग्रहण नहीं होना चाहिए, मैं कितना छोटा हूँ लेकिन फिर भी मेरा उंगली अंगूठी अपनी महिमा को बुझता है मैं अपने अंगूठे को चले और बादलों ने चन्द्रमा के अस्तित्व को मिटा दिया, सफेद पत्थर चले गए, अब केवल एक खंडित क्षण बाद में वापस आ गया है।

मेरे लिए अभी भी खड़े रहने पर यह कितनी तेजी से यात्रा करता है?

A Hot One

July 13, 2016

Dear Miguel:
It's a hot one today.
The same in Cuba I presume.
It was 23°C at 9am. Climbed
to a brow-dripping 34°C.
A fire-breathing dragon chased me
to the lumberyard
to buy some wood for a shelf
that was on my honey-do list,
a gentle nudge requested it be built,
soon
or was it *now*, I can't remember.
It took all day but am finally finished
though one 2 X 2 short. Too hot
to drive and buy it.
This honey will do it tomorrow.
It was a two-beer – non-alcoholic – job,
I stopped to change my shirt
half way through.
Fan is on in my coolish
basement office.
Time for a snooze
in front of the computer
and pretend to work.

With affection,
Tai

एक गरम एक

13 जुलाई, 2016

प्रिय मिगुएल:
यह आज एक गर्म है
क्यूबा में भी यही अनुमान है
यह सुबह 9 बजे 23°सै. था। चढ़ गया
एक माशा-टपकाव 34°सै. के लिए
एक अग्नि श्वास अजगर मुझे पीछा
लम्बेडोर में
शेल्फ के लिए कुछ लकड़ी खरीदने के लिए
जो मेरे हनी-डू सूची में था,
एक कोमल कुहनी से हलका धक्का अनुरोध किया कि यह बनाया जाए,
शीघ्र
या यह अब था, मैं याद नहीं कर सकता
यह पूरे दिन ले लिया, लेकिन अंत में समाप्त हो गया है
हालांकि एक 2 एक्स 2 छोटा बहुत गर्म
ड्राइव और इसे खरीदने के लिए
यह शहद कल ही करेंगे।
यह एक दो-बीयर - गैर-मादक पेय था - नौकरी,
मैं अपनी शर्ट बदलना बंद कर दिया
आधारास्ता पार।
फैन मेरी कूलिज में है
तहखाने कार्यालय
स्नूज के लिए समय
कंप्यूटर के सामने
और काम करने का बहाना

प्यार से, स्नेहपूर्वक,
ताई

No Break in the Heat

August 03, 2016

Dear Glen:
Glen and Sonia Sorestad

I trust all is well in Saskatoon
with you and Sonia.
I hope you have a/c,
at least in your bedroom.
I can only presume that it is hot there as well,
so says my android phone app.
Google Earth shows me you are just north
off of Yellowhead Hwy #16 not so far
from the river. Does the water level
in the South Saskatchewan River
ever get low? Our Lake Ontario
is starting to show low-water markers
that are usually submerged
at this time of year. I am watering
plants that I have never needed to douse
in other years. You can tell
who in the neighbourhood
puts out the sprinkler every night.
They are the ones who run a lawnmower

गर्मी में कोई तोड़ नहीं

03 अगस्त, 2016

प्रिय ग्लेन:
ग्लेन और सोनिया सोरेंस्टद

मुझे विश्वास है कि सब अच्छी तरह से ससाकाटून में है
आप और सोनिया के साथ
मुझे आशा है कि आपके पास ए.सी. है,
कम से कम आपके बेडरूम में
मैं केवल अनुमान लगा सकता हूं कि यह गर्म भी है,
तो मेरा एंड्राइड फोन ऐप कहता है
गूगल धरती मुझे दिखाती है कि आप उत्तर में हैं
यलोहेड एचवी रु 16 से दूर तक नहीं
नदी से जल स्तर क्या है
दक्षिण सस्केचेवान नदी में
कभी कम मिलता है? हमारे झील ओंटारियो
कम पानी के मार्करों को दिखाने के लिए शुरू हो रहा है
जो आमतौर पर डूब रहे हैं
साल के इस समय में। मैं पानी भर रहा हूँ
पौधों कि मुझे डूबने की जरूरत नहीं है
अन्य व र्ों में आप बता सकते हैं
पड़ोस में कौन
हर रात बुझानेवाले बाहर डालता है
वे लोग हैं जो लक्षन-मश्वर चलाने वाले हैं

on Saturday morning. Everyone else, like me,
has a brown lawn that might need re-seeding
if the drought continues.

Kim and I are well. Presqu'ile Provincial Park,
where we live, is eight or ten degrees cooler
than what the radio says of downtown Toronto.
The heat has not affected our B&B very much.
Last week we rented the entire house
to a wedding party. We went to visit
my eighty-eight-year-old mother who is doing well.

Still publishing with HBP and now working
on my second novel, so all is well.
A/C cools me in my office
where I sit looking out at clear blue skies
my neighbour's Canadian flag fluttering.
If I crane my neck I can see lake water ruffling the beach.
Time to get back to work.

All the best
Tai

शनिवार की सुबह। मेरे जैसे हर कोई,
एक भूरे रंग का लक्षन है जिसकी आवश्यकता हो सकती है फिर से सीडिंग
अगर सूखा जारी है

किम और मैं अच्छी तरह से कर रहे हैं प्रेक्विलाई प्रांतीय पार्क,
जहां हम रहते हैं, आठ या दस डिग्री कूलर हैं
रेडियो टोरंटो शहर के बारे में क्या कहता है
गर्मी ने हमारे बी और बी को बहुत ज्यादा प्रभावित नहीं किया है।
पिछले हफ्ते हमने पूरे घर को किराए पर दिया था
एक शादी की पार्टी के लिए हम यात्रा करने गए
मेरी अस्सी-आठ व ‍ीय मां जो अच्छी तरह से कर रही है

अभी भी एचबीपी के साथ प्रकाशित और अब काम कर रहा है
मेरे दूसरे उपन्यास पर, तो सब अच्छी तरह से है
ए.सी. मेरे कार्यालय में मुझे शांत करता है
जहां मैं साफ नीले आकाश में देखता हूं
मेरे पड़ोसी का कनाडाई ध्वज फहराता है
अगर मैं अपनी गर्दन को क्रेन करता हूं तो मैं झील के पानी को समुद्र तट पर
झुकाव देख सकता हूं।
वापस काम पर जाने का समय।

शुभकामनाएं
ताई

October 9th

For Chris Faiers

Dear Chris:

The sky is grey. A heavy underbelly of clouds hangs low trying to rain. There is little or no wind to stir the branches that hang over my back deck. The birdfeeder is busy with thrashing blue jays tossing seed to the ground as they greedily flail for choice, black sunflower seeds. A coo of mourning doves flutters, casually pecking at the spilled, flung bounty, undisturbed by the chaos of blue that rustles overhead.

a coo of mourning doves
pecking at spilled seed

undisturbed

9 अक्टूबर
क्रिस फायर के लिए

प्रिय क्रिस:

आकाश ग्रे है बादलों के भारी बारिश से बारिश की कोशिश करने में कम लटका हुआ है। मेरी पीठ डेक पर लटका शाखाओं को हल करने के लिए कम या कोई हवा नहीं है। बर्डफीडर, नीले रंग की जई पिघलने में व्यस्त है, जिससे बीज को बीज में फेंक दिया जाता है क्योंकि वे लालच से चुनाव के लिए, काले सूरजमुखी के बीज शोक कबूतरों का एक कूड़ा फहराता है, लापरवाही से फंसे हुए मसाले पर फिसल जाता है, नीले रंग की अराजकता से अबाधित नहीं होता है जो ऊपरी भाग की ओर झुकाता है।

शोक कबूतरों का एक कू
स्पेल बीज पर चोंच

अबाधित

A Lament

I am reminded of how, as a boy,
I lazed in the tall grass gazing
past brilliant goldenrod
to black branches crisscrossing flaming maples.

I listen to the call of crows in the distance
and lament the closing of summer
the return to city noise,
with its cacophony of busy streets
after a lazy season
at grandfather's farm.

Bees buzz overhead, ants crawl and tickle
bare legs on cool damp ground.

Now at sixty I lie in the shadows
of my past and wonder –
   where went the quiet?

What's the need for fast living
beyond the puff of drifting milkweed
and the smell of autumn orange?

एक विलाप

मुझे याद आ रहा है कि कैसे एक लड़के के रूप में,
मैं ऊंची घास में घूर रहा था
पिछले शानदार गोल्डनरोड
काले शाखाओं के लिए फ्लेमिंग मैपल पार कर क्रिस।

मैं दूरी में कौवे की आवाज सुनता हूं
और गर्मियों के समापन पर विलाप
शहर के शोर की वापसी,
व्यस्त सड़कों की कर्कवानी के साथ
आलसी मौसम के बाद
दादा के खेत में

मधुमक्खियों की चर्चाएं ओवरहेड, चींटियों क्रश्ल और गुदगुदी
शांत नम जमीन पर नंगे पैर।

अब साठ के दशक में मैं छाया में झूठ हूं
मेरे अतीत और आश्चर्य की –
    चुप कहाँ गया?

तेजी से रहने की आवश्यकता क्या है
ड्रिलिंग मिल्कवेड के पफ से परे
और शरद ऋतु नारंगी की गंध?

In the Deep Heart's Core

Owed to Yeats and his poem "The Lake Isle of Innisfree"

I will rise tomorrow and return
to our home on-the-frigid-shores
of Lake Ontario
snow-laden deck. Pines
in the back, looming,
will greet me *and I will have*
some peace there
where calm whispers
through the silent red
of dogwood, branches
perched upon by darting chickadees
foraging in winter solitude.
Midnight there will glow in quiet
silver moon's still beam,
a calm that will hush
into my long silence.

I will rise tomorrow and go
into the squeaking footfalls
of a walk on a chill afternoon
hand in hand with Kim away from these
sand-swept shores

दीप हार्ट के कोर में

येट्स और उनकी कविता 'द लेक आइल ऑफ इनिसफ्री'

मैं कल उठूंगा और वापसी करूंगा
हमारे घर पर– ठंडे किनारे पर
ओकलांटो झील के बारे में
बर्फ से लदी डेक पाइंस
पीछे, उभरते हुए,
मुझे बधाई देगा और मैं होगा
वहाँ कुछ शांति
जहां शांत फुसफुसाए
चुप लाल के माध्यम से
डॉगवुड का, शाखाएं
मुर्गे की चटनी
सर्दियों एकांत में तिलहन
मध्य रात्रि चुप में चमक जाएगी
चांदी का चंद्रमा अभी भी बीम,
शांत हो जाएगा कि शांत हो जाएगा
मेरी लंबी चुप्पी में

मैं कल बढ़ो और जाओ
कर्कश फुले में
एक ठंडा दोपहर पर चलना
किम से इन हाथों से हाथ में हाथ
रेत-बहते किनारे

of Havana east. I can already hear
the ice calling me home,
a shore-washed welcome
of broken frazil. *I hear it
in the deep heart's core*
this shore-chattered welcome.

हवाना पूर्व की मैं पहले से ही सुन सकता हूँ
बर्फ मुझे फोन घर,
एक किनारा-धोया स्वागत
टूटी फैजिल का मैंने इसे सुना
गहरे हृदय के केंद्र में
यह किनारे-चेटा स्वागत स्वागत है

The Peeper Frog's Love Song

I peddled slow, ponderously slow,
past the spring-melted marsh
where the peeper frogs sing.
They have sung there every March,
year after year, for an eon and more.

> The ululation
> the piercing,
> the harshness,
> the shrill sweet harmony,
> their primeval call of procreation.

How could this song be
anything other than *love*
an ancient broadcast of longing
as old as *love* itself?

पीपर मेंढक के प्यार गीत

मैं धीमी गति से, पनडुब्बी धीमा,
वसंत-पिघला हुआ मार्श पिछले
जहां पेपर मेंढक गाते हैं
उन्होंने हर मार्च में गाया था,
वर्ष के बाद वर्ष, एक और अधिक के लिए

उलझन
भेदी,
कठोरता,
सूक्ष्म सद्भाव,
प्रजनन की उनकी मूल कश्बल

यह गीत कैसे हो सकता है
प्यार के अलावा कुछ भी
लालसा का एक प्राचीन प्रसारण
प्यार के रूप में पुराने रूप में?

May 31, 2011

For my brother Manuel

My Dear Brother:

I took a short, calm
bike ride to my lake's edge today
she lay still
a motionless grey, cloaked
in a silver haze that glowed
on a cloudless afternoon
the air warm
hot in the sun, only chilly near the water
I took the plunge after a tiptoe entry
I stood waist deep splashing
surface-warm water
on my chest and then dove

I thought of you as I finned
across slate bottom, pebbled
through milky cold depths, plunging
breaking through the surface for air
invigorated another dive deeper
further out from the shore meeting mist
swallowed by timeless grey
wishing that when I turned
I would see you standing at water's edge.
I would go with you then
to put my feet under your table in Cuba.

31 मई, 2011
मेरे भाई मैनुअल के लिए

मेरे प्रिय भाई:

मैं एक छोटी, शांत लिया
आज मेरी झील के किनारे पर बाइक की सवारी
वह अभी भी रखती है
एक स्थिर ग्रे, बसवांमक
एक चांदी की धुंध में जो चमक गई थी
एक बादल रहित दोपहर पर
हवा गर्म
धूप में गर्म, पानी के पास केवल मिर्च
मैंने एक टिपोटे एंट्री के बाद डुबकी ली
मैं कमर गहरा छिड़क रहा था
सतह गर्म पानी
मेरी छाती पर और फिर कबूतर

मैंने तुम्हारे बारे में सोचा था क्योंकि मैंने फिनिश किया था
स्लेट नीचे, कंकड़
दूधिया ठंडे गहराई के माध्यम से, डूबनेवाला
हवा के लिए सतह के माध्यम से तोड़ने
एक और डुबकी   सख्ती से   प्रेरित
किनारे की बैठक धुंध से बाहर आगे
कालातीत ग्रे से निगल लिया
बधाई जब मैं बदल गया
मैं आपको पानी के किनारे पर खड़े दिखता हूँ
मैं तुम्हारे साथ फिर जाना होगा
क्यूबा में अपने टेबल के नीचे अपने पैर डाल करने के लिए

Woodstock Invasion

After a long arduous desk-hunched day
my darling wife beckoned me
for a -17ºC wind-whistling walk
to clear my frazzled monitor-flickered brain.
South towards the lake, wind-pelted,
head hunched, frosted glasses.
A half mile down the road
we see a distant black undulating V
stitching grey quiet sky,
fifty Canada Geese slowly swelling
towards us. The discord of dissonant honking
gradually filling the air.

Thrilled
We stood, back to wind and watched
V after weaving V arriving, landing
by the hundreds. Descending,
content in their now two-thousand
billowing, blasting frenzy, foraging
in snowless corn-stubbled field. It struck me
that this was their Woodstock invasion
gathering *en masse* for a concert of sorts
mulling, communing
guided by primeval callings.

वुडस्टॉक आक्रमण

एक लंबे समय से कठिन डेस्क-शिकार वाले दिन के बाद
मेरी प्रिय पत्नी ने मुझे इशारा किया
एक -17°सै. हवा-सीटी चलने के लिए
मेरी चकाचौंध मश्धनिटर- फ्लिकर्ड मस्ति क को साफ करने के लिए
दक्षिण की ओर झील, हवादार,
सिर हंसी, पाले सेओढ़ लिया चश्मा
सड़क के नीचे एक आधा मील
हम एक दूर काला नदकनसंजपदह वी देखें
ग्रे चुप आकाश सिलाई,
पचास कनाडा के बीज धीरे धीरे सूजन
हमारी तरफ। बेईमानी का भंडाफोड़
धीरे धीरे हवा भरने

रोमांचित
हम खड़े हुए, वापस हवा में और देखा
वी पहुंचने के बाद वी, लैंडिंग
सैकड़ों तक अवरोही,
अब उनके दो हजार में सामग्री
उभरते हुए, उन्माद न ट करना, तमाशा
बर्फ रहित मकई-क्षोभ क्षेत्र में मेरे मन में यह बात आई
कि यह उनका वुडस्टध्क आक्रमण था
एक संगीत कार्यक्रम के लिए सामूहिक रूप से एकत्रित करना
मलीन करना, संचार करना
प्रामाणिक कश्धलिंग द्वारा निर्देशित

November 7th, 2012

outside my office window
brilliant-blue filters
through yellowing leaves

7 नवंबर, 2012

मेरे ऑफिस विंडो के बाहर
शानदार-नीली फिल्टर
पीली पत्तियों के माध्यम से

Morning Expectations

Spring runoff
leaves sink in
swollen glistening pools
trees stand in their own
sky-filled, chilled reflections
long purple shadows mark
hope's expectations of longer days
birds will soon return
insects waking
life's cycle renewed
in this morning of change

सुबह की अपेक्षाएं

स्प्रिंग अपवाह
पत्तियों में डूब
सूज चमकदार पूल
पेड़ अपने आप में खड़े हैं
आसमान से भरा, ठंडा विचार
लंबे बैंगनी छाया चिह्न
लंबे दिनों की आशा की उम्मीदें
पक्षी जल्द ही वापस आ जाएगा
कीड़े जागने लगते हैं
जीवन चक्र का नवीकरण
परिवर्तन की इस सुबह में

Swallowed

Timid red fox skulks
through silent backyard
four frolicking kits bounding
grackles scatter
mother slips
under rusting frost fence
kits follow
disappearing spirits vanish
into tall grass parting

निगल गया

टिमीड रेड फश्श्क्स स्केल्क्स
मूक पिछवाड़े के माध्यम से
चार फ्रोलिंग किट बाउंडिंग
ग्रैकेट्स स्कैटर
माँ फिसल जाता है
जंगली जंगली बाड़ के नीचे
किट का पालन करें
गायब आत्माओं गायब हो
लंबा घास बिदाई में

Now, Just Right Now, Stunned

today i am at my computer to
sky the blue of
forgiveness and i am looking
through my office window out past
the virgin green of nature's
burgeoning promise feeling that all
is well, and i see beyond this promise
to my neighbour's blushing
roses, magnificence so plentiful that
thorny boughs droop with innocence
weighted by last night's storm,
petals strewn, cheeky pink
on groomed green
pummeled but not broken

अब, अभी राइट नाउ, स्टंड

आज मैं अपने कंप्यूटर पर हूँ
आकाश का नीला
माफी और मैं देख रहा हूँ
मेरे कार्यालय खिड़की के माध्यम से बाहर पिछले
प्रति की कुंवारी हरी है
बढ़ती वादे लग रहा है कि सभी
ठीक है, और मैं इस वादे से परे देख रहा हूँ
मेरे पड़ोसी के शरमा के लिए
गुलाब, भव्यता इतना बढ़िया है कि
निर्दोंता के साथ कांटेदार झाड़ू झुकाव
कल रात के तूफान से भारित,
पंखुड़ी, चमकीली गुलाबी
तैयार हरे पर
डूबा हुआ लेकिन टूटा नहीं

A Gesture of Camaraderie
for Jim Larwill after his email to me

In my corner of Canada
under outstretched arms
of solitude and tranquility
no traffic and few distant jets
beavers on my lake
have grown far too tame.

I interrupt my domestic duties
my commune with the land
to help them with theirs.
In cooperation
beaver and I carried a tree down
to crystal-lake-lapping edge.
He on the front end dragging,
I on the back lugging.
I should know better
than to fraternize
after all
there are only so many trees
in MY woods
and these are big beavers
capable of making fast work
of MY trees

कैमरनेरी का एक इशारा
मेरे लिए अपने ईमेल के बाद जिम लार्विल के लिए

कनाडा के मेरे कोने में
फैली हुई हथियारों के नीचे
एकांत और शांति का
कोई यातायात और कुछ दूर जेट विमानों
मेरी झील पर बीवर
अब तक बहुत वश में वश) हुई है।

मैं अपने घरेलू कर्तव्यों में बाधा डालता हूं
भूमि के साथ मेरी कम्यून
उनके साथ उनकी मदद करने के लिए
में साथ
बीवर और मैं एक पेड़ को नीचे ले गया
क्रिस्टल-लेक-लंपिंग किनारे तक
वह सामने की ओर खींच रहा है,
मैं बैक लंपिंग पर
मुझे बेहतर जानना चाहिए
बिरादरी की तुलना में
आखढि रकार
वहाँ केवल इतने सारे पेड़ हैं
मेरे जंगल में
और ये बड़े बीवर हैं
तेजी से काम करने में सक्षम
मेरे पेड़ों का

but I thought – after all
in the spirit of cooperation
and camaraderie
it would be better than skirmishing
over who really owns
MY lake in their corner of Canada.

लेकिन मैंने सोचा – आखिरकार
सहयोग की भावना में
और सौहार्द
यह घुसपैठ से बेहतर होगा
जो वास्तव में मालिक हैं
कनाडा के अपने कोने में मेरी झील

Early Morning North of Madawaska

September 14, 2009, 5:30 am
for Genny

On a silver-sliver-moon morning
I dipped my paddle
into the loon-echoed mist
of Victoria Lake.
Paddling towards waking island,
heavy underbelly of low-slung grey drags
through black spires, tree tips pointing
to Venus, brilliant but fading.
Skimming ebony depths
kayak scrapes to rest
on red sandy shore.
Moments later long-shadow skinny-dip
zings me to life.
Breeze-cradled glide, unpaddled
sails me back, others now stirring
as golden morning rises.

माडॉस्का के प्रारंभिक सुबह उत्तर

14 सितंबर, 2009, 5:30 बजे
जेनी के लिए

एक चांदी की कटाई-चाँद की सुबह
मैंने अपने पैडल को डुबो दिया
लून-गूंज धुंध में
विक्टोरिया झील के
जागरण द्वीप की ओर पैडलिंग,
कम स्लेग ग्रे ड्रैग का भारी अंडरबल
काले चपमते के माध्यम से, वश्क्ष युक्तियों की ओर इशारा करते हुए
शुक्र के लिए, शानदार लेकिन लुप्त होती।
स्कीमिंग एबनी गहराई
कयाक को आराम करने के लिए उकड़ना
लाल रेतीले तट पर
बाद में लम्बी छाया छाया पतला-डुबकी
जीवन के लिए मुझे पदहे
ब्रीज-क्रैडल्ड ग्लाइडेड, अनप्डल्ड
मुझे वापस पाल, दूसरों को अब सरगर्मी
जैसा कि सुनहरा सुबह बढ़ जाता है

April 03

Dear Bill, Julie and Josh,

It's probably best that you stayed in Toronto this weekend.
You would have been here in the dreary depths of dark
with the rest of us – though maybe playing scrabble
by candle light might not have been so bad.
The power went out at 9:30
My computer monitor flickered but stayed glowing
on back-up battery while the rest of the house sank
into the rain-pelted, wind-gushed shadow of night.
Flashlights and candles never too far away
when one lives on the edge
of teetering power far from town.

10:00 in the evening – a luxurious time for bed
we took advantage of the stillness
in flickering calm and turned on CBC.
Thank you for being there

With a puff of smoke and the pungent smell of extinguished wick,
we slipped into gentle darkness at 11:00,
no blue digital readout, beaming, holding us to a specific minute.
With Kim's rhythmic breath a hymn of peace,
I slipped out of bed into the rain-flounced night.

अप्रैल 03

प्रिय विधेयक, जुली और जोश,

यह शायद सबसे अच्छा है कि आप इस सप्ताह के अंत में टोरंटो में रहे
आप यहाँ अंधेरे की गहराई में गहराई में होता
हममें से बाकी – हालांकि शायद स्क्रैबल खेलना है
मोमबत्ती की रोशनी से इतना बुरा नहीं हो सकता है
शक्ति 9:30 पर बाहर गई
मेरा कंप्यूटर मश्रनिटर झिलमिलाहट था लेकिन चमक रहा था
बैक अप बैटरी पर जबकि बाकी का घर डूब गया
बारिश के झरने में, रात की छाया से भरी हुई छाया
फ्लैशलाइट्स और मोमबत्तियां कभी भी दूर नहीं होतीं
जब एक किनारे पर रहता है
शहर से दूर बिजली की शक्ति का।

शाम 10:00 बजे – बिस्तर के लिए एक शानदार समय
हमने स्थिरता का फायदा उठाया
चंचल शांत में और सीबीसी चालू
साथ देने के लिए धन्यवाद

धुएं का एक पफ और बुझने वाली बाती की तीखी गंध के साथ,
हम 11:00 पर कोमल अंधेरे में फिसल गए,
कोई नीली डिजिटल पढ़ना, मुस्कुराहट, एक विशिष्ट मिनट तक हमें पकड़ना
किम के लयब) सांस के साथ शांति का एक भजन,
मैं बारिश से फंस गया रात में बिस्तर से बाहर फिसल गया

Gloved and hooded, I stole my way into whipping tempest,
driveway sloshing, lashing branches, slashed by horizontal churnings
I leaned westwards to Government Dock. Nipped
by freezing rain, shrieking from north, I pushed into the park
welcomed by a comforting calm.

All around the wind howled, but in this swath of groomed park,
the air rested. I slipped through the still, down the slippery steps
to the wind-mopped pier and clung to the chattering flag pole,
singing its song of clatter.
Cha-ching, cha-ching, cha-ching. Relentlessly whipping
the only symphony it knew.

To the east shone Brighton in its usual radiance. Trenton
to the west glowed amber. The wind yowled
but the bay remained unruffled.
I didn't stay out for long. My face burned, my coat heavy,
I turned home, my spirit purified by a Presqu'ile night.

See you soon,
Tai

चमकदार और झुका हुआ, मैं तबाह तख्तापलट में अपना रास्ता चुरा लिया,
हश्चलिडे स्लश्चिंग, फांसी वाली शाखाएं, क्षैतिज मंथन द्वारा घटाई गई
मैंने सरकार के डश्चक पर पश्चिम की ओर झुकाया दपचचमक
बारिश ठंडी करके, उत्तर से चिल्लाना, मैं पार्क में धकेल दिया
एक आरामदायक शांत द्वारा स्वागत किया

हवा के चारों तरफ घिरी हुई है, लेकिन इस पार्क में तैयार पार्क में,
हवा को विश्राम किया मैं अभी भी फिसलन कदमों के नीचे फिसल गया
पवन ढके हुए घाट के लिए और गपशप झंडा पोल से चिपके हुए,
गड़गड़ाहट का अपना गीत गाना
चा-चिंग, चा-चिंग, चा-चिंग लगातार सचेतक
यह केवल सिम्फनी जानता था

पूर्व में ब्राइटन ने अपनी सामान्य चमक में चमक लिया। ट्रेंटन
पश्चिम के लिए एम्बर हवा में
लेकिन खाड़ी बेफिक्र रह गई।
मैं लंबे समय तक नहीं रह गया मेरा चेहरा जला दिया, मेरा कोट भारी,
मैंने घर बदल दिया, मेरी आत्मा एक प्रेक्षालय की रात से शुद्ध थी

जल्दी ही मिलते हैं,
ताई

As If Just For Me

It was a calm placid day, the lake still
not even the slightest shimmer of breeze
then this strange and distant sound
penetrating the tranquility.
At first I thought it hundreds
of children cheering – perhaps a soccer match
in progress but here in Presqu'ile? Unlikely!

Peering through spring-red dogwood to low haze
blanketing hushed lake, no evidence
of the source of cacophony, then all of a sudden
out of a heavy sky, one by one
then by dozens, then fifty,
then could it possibly be hundreds
Canada Geese honking, mirrored
by wing-tipped water arriving to splashdown
squawking, talking
as if they were there just for me.

जैसे ही मेरे लिए अगर

यह शांत शांत दिन था, झील अभी भी है
हवा की थोड़ी सी भी झींगा भी नहीं
तो यह अजीब और दूर ध्वनि
शांति मर्मज्ञ
पहले मैंने सोचा था कि सैकड़ों
बच्चों की जय हो – शायद एक फुटबॉल मैच
प्रगति में लेकिन यहाँ च्तमुेनशपसम में? संभावना नहीं!

कम धुंध के लिए वसंत-लाल डश्वगवुड के माध्यम से पीयरिंग
झरझोर झील झील, कोई सबूत नहीं
कर्कवत्ता के स्रोत का, फिर सभी अचानक
भारी आकाश से, एक-एक करके
तो दर्जनों, तब पचास से,
तो संभवत: सैकड़ों हो सकता है
कनाडा जीस हश्वर्निंग, मिररर्ड
छिड़काव के लिए आने वाले पंखों से पानी
गड़बड़ाना, बात करना
जैसे कि वे केवल मेरे लिए थे

Hints of Fall

Dedicated to Bill Conell

The leaves of Northumberland
are transformed
looking quite splendid
in their autumn triumph.

During these early-evening days
on chilly mornings
sweet air lingers
laundry comes in
off the line
smelling of slumber.

पतन के संकेत
बिल कॉनेल को समर्पित

नॉर्थम्बरलैंड के पत्ते
बदल रहे हैं
काफी शानदार लग रही है
उनकी शरद ऋतु जीत में

शुरुआती शाम के दिनों में
मिर्च सुबह पर
मिठाई हवाई
कपड़े धोने में आता है
लाइन बंद
नींद की महक

Kayaking on the Ripples of Indian Summer
Dedicated to Katie Marshall Flaherty

Leaves chatter against gentle shoreline-lapping
sun warms bare legs after cold paddle-dipping sparks zing
east
    home
    resting
after restorative invigorating strokes into fall's black bay
yin and yang balance restored
soul sings

भारतीय ग्रीष्म के लहरों पर कयाकिंग
केटी मार्शल फ्लैहर्टी को समर्पित

नरम शोरलाइन–लापिंग के खिलाफ बड़बड़ाता है
सूरज ठंडे चप्पू–डिपिंग स्पार्क्स जिंग के बाद नंगे पैरों से गुजरता है
पूर्व

    घर

    आराम

पतन के काले बे में बहाल करनेवाला स्फूर्तिदायक स्ट्रोक के बाद
यिन और यांग संतुलन बहाल
आत्मा गाती है

The Silence Between Notes

December 31, 05 / January 1, 06

Dear Jorge and Family:
Here we are slipping from 05 into 06.

I just returned from a long walk
out my back door into the park
west along the deserted road
to cold boulders that mark the path
heading south to the open lake.
It would be pitch black
if not for the bright snow
reflecting moonlight up
into a cloud-stippled sky.
Whipping snow
fills the -13°C air.
Trudging is almost perilous
as I push blindly through icy rutted path
under dark branches hanging low
making the snow vanish
into a timeless abyss.

As I turn into the long dark path
through deep woods

नोट्स के बीच मौन

31 दिसंबर, 05 / जनवरी 1, 06

प्रिय जॉर्ज और परिवार:
यहां हम 05 से 06 तक फिसल रहे हैं

मैं सिर्फ एक लंबी सैर से लौटा था
पार्क में मेरे पीछे के दरवाजे बाहर
निर्जन सड़क के साथ पश्चिम
ठंडे पत्थर जो कि मार्ग को चिन्हित करते हैं
खुले झील में दक्षिण की ओर बढ़ रहा है
यह पिच काला होगा
यदि उज्ज्वल बर्फ के लिए नहीं
चांदनी को प्रतिबिंबित करना
क्लाउड-स्टिपप्लेड आकाश में
सजावटी बर्फ
-13°सै. एयर भरता है
ट्रिडिंग लगभग खतरनाक है
जैसा कि मैं आँख बंद करके बर्फीले पतला पथ के माध्यम से धक्का
अंधेरे शाखाओं के नीचे लटका हुआ
बर्फ को गायब करना
एक कालातीत खाई में

जैसा कि मैंने लंबे अंधेरे रास्ते में बदल दिया
गहरे जंगल के माध्यम से

annoyed
by divots and troughs
made by those who had trod before me
snowmobile ruts marring my progress.
I learned that if I zig zagged
traversing the deep ruts
my moonless progress
was less arduous, nonetheless
still slow.

I groped and trudged my way in the dark
wishing I had not taken this route.
Finally I arrived, tired
at the end of this lumpy path
breaking out onto the open road
where now pelting wind chafed at my face.

I headed down the drift-covered road
carless for hours
I made my way to lake's edge.

This is where earth ends
and time never was.
I stood in timeless awe almost afraid
to venture further
for fear I might vanish
into the void and never be seen again.

Stumbling over ice-crusted drifts
I trudged further to wave-crashing shore
where continental slabs of grey
thundered rhythmically against time.

नाराज हो
कपअवजे और जतवनही द्वारा
उन लोगों द्वारा की गई जो मेरे सामने पहले से गुमराह थे
स्नोमोबाइल मेरी प्रगति उंततपदह तनजे
मैंने सीखा है कि अगर मैं जिग जगग्ड हूं
गहरी तनजे जतंअमतेपदह
मेरे चंद्रमा प्रगति
कम कठिन था, फिर भी
अभी भी धीमा

मैंने अंधेरे में अपना रास्ता बना लिया और मेरी तरफ खींचा
बधाई मैं इस रास्ते नहीं लिया था
अंत में मैं आ गया, थक गया
इस ढेलेदार पथ के अंत में
खुले सड़क पर बाहर तोड़ना
जहां अब मेरे चेहरे पर दम घुटने हवा लगती है

मैं बहाव से ढके सड़क का नेतश्त्व किया
घंटे के लिए बेरहम
मैंने झील के किनारे पर अपना रास्ता बना लिया

यह वह जगह है जहां पश्थ्वी समाप्त होती है
और समय कभी नहीं था
मैं कालातीत भय में खड़ा था लगभग डर
आगे उद्यम करने के लिए
भय के लिए मैं गायब हो सकता हूं
शून्य में और फिर कभी नहीं देखा जा सकता है।

बर्फ-क्रस्टेड ड्रिप्स पर ठोकरें
मैं आगे लहर-दुर्घटनाग्रस्त किनारे करने के लिए आगे जतनकहमक
जहां ग्रे के महाद्वीपीय स्लैब
समय के खिलाफ तालबद्ध लय।

At last I had arrived.
I pealed the canvas chair off my back
from its cold-stiffened bag
pried it open
and sat.
And there I sat and sat
and sat for the longest while.
Hood pulled up to tunnel view
I sat and sat and sat.
Wind and snow hurled
in every direction
over the dim grey hum of distance.
All I did was sit.
I sat and did not move.
I sat
and hardly thought a single thought.
When my nose itched
I resisted the impulse to scratch.
When a muscle twitched
I simply did not respond.
When cold turned to pain
I challenged the sensation with gratitude.
I sat and sat and sat
and sat and did nothing but see past
the grey
past the faintest outline
of distant shoreline trees.
I sat and sat
and listened to the song
of ice and snow.
I listened between the notes
of nature's cacophony

आखिर में मैं आ गया था
मैंने अपनी पीठ से कैनवास की कुर्सी पर चढ़ाई की
इसकी ठंड-सख्त बैग से
इसे खोलने के लिए चतपमक
और शनि
और वहां मैं बैठ गया और बैठ गया
और सबसे लंबे समय तक के लिए बैठे।
हूड सुरंग के दृश्य के लिए खींच लिया
मैं बैठ गया और बैठ गया और बैठ गया
हवा और बर्फ फेंका
हर दिशा में
दूरी के मंद भूरे रंग के हजारों
मैंने जो किया वह सब बैठे थे।
मैं बैठ गया और हिलना नहीं था
मैं बैठ गया
और शायद ही एक विचार सोचा।
जब मेरी नाक खुजली होती है
मैंने खरोंच से आवेग का विरोध किया।
जब एक मांसपेशी मुड़ गई
मैं बस जवाब नहीं दिया
जब ठंडा दर्द में बदल गया
मैंने तझता के साथ सनसनी को चुनौती दी।
मैं बैठ गया और बैठ गया और बैठ गया
और बैठ गया और कुछ भी नहीं किया लेकिन पिछले देखना
धूसर
बेहोशी की रूपरेखा
दूर किनारे के पेड़ों का
मैं बैठ गया और बैठ गया
और गीत की बात सुनी
बर्फ और बर्फ की
नोटों के बीच मैंने सुन लिया
प्रति के कर्कवत्ता का

to the pauses between the notes.
I listened until I could not hear
the waves or the wind.
I listened until I could only hear
the music in the silence between notes.
I sat without moving
until I was not even there.

I hope to see you all soon
my dear friends, sitting with you
in the palm-shade of Cuba.

Bunches of love
Tai — XXOO

नोट्स के बीच विराम के लिए
जब तक मैं सुन नहीं पाया तब तक मैंने सुन लिया
तरंगें या हवा
मैंने तब तक सुन लिया जब तक कि मैं केवल सुन सकूं
नोट्स के बीच चुप्पी में संगीत
मैं आगे बढ़ने के बिना बैठ गया
जब तक मैं वहां भी नहीं था

मुझे आशा है कि आप जल्द ही मिलेंगे
मेरे प्यारे दोस्त, तुम्हारे साथ बैठे
क्यूबा की ताड़ के छल्ले में

प्यार के कुंग
ताई – XXOO

A Walk with Kim

Kim and I went for a walk
down to Salt Point this evening.
Last night was clear and calm
with a bright full moon
that shone on snow
painting deep-blue shadows.
Tonight the wind blows
over the lake from the southeast.
Though moonless
the drifting snow glowed
as if the light were lifting from the ground
more purple than blue.

Ice crystals pelted
our backs and whistled
over our hoods as we slogged
to the point where we met you
for a swim only two month ago.

Our penetrating walk
took us past crashing shore
tectonic plates pushing
pebbles into growing mounds
for next year's beach.

किम के साथ एक वाइक

किम और मैं सैर के लिए गया था
साल्ट बिंदु को शाम को नीचे।
कल स्पष्ट और शांत था
एक उज्ज्वल पूर्णिमा के साथ
कि बर्फ पर चमकता है
गहरे नीले छाया चित्रकला
आज रात हवा चल रही है
दक्षिणपूर्व से झील के ऊपर
हालांकि चंद्रमा नहीं
बहती बर्फ लगी
जैसे कि प्रकाश जमीन से उठ रहा था
नीले रंग की तुलना में अधिक बैंगनी

आइस क्रिस्टल पेलटेड
हमारे पीठ और सीटी
हमारे हुड के ऊपर के रूप में कड़ी मेहनत
उस बिंदु पर जहां हम आपको मिले
तैरने के लिए केवल दो महीने पहले

हमारे मर्मझ चलना
दुर्घटनाग्रस्त किनारे पर हमला करते थे
विवर्तनिक प्लेटें धक्का
बढ़ते घाटियों में कंकड़
अगले साल समुद्र तट के लिए

These slabs of ice reminded me
of flying over Labrador with Kim and Bill
on our way home from Germany.
Gosh, what year was that?
we witnessed vast mile upon mile
sheets of ice slowly crashing
one into the other
barren land and empty sea stretching on forever.

Kim and I sat huddled
listening to the wind whipping
through branches.
We heard our own breath
soughing through our ice encrusted scarves.
A remarkable absence of clucking, swooping
squawking. We were the only beings
walking on this hallowed ground
present and timeless.

Upon our return
ice chafed our faces
as we plodded
through rising
drifts we could only see
inches in front of our frozen stride.

Pressing on we reached
our 'Cuba beach'
as we've fondly named it
dipping east under
arms of weeping willows
all stunningly calm there

बर्फ की ये स्लैब मुझे याद दिलाया
किम और बिल के साथ लैब्राडोर से उड़ान भरने की
जर्मनी से हमारे रास्ते घर से
भगवान, वह कौन सा वर्ष था?
हमने मील पर विशाल मील देखा
बर्फ की चादरें धीरे-धीरे दुर्घटनाग्रस्त हो रही हैं
एक दूसरे में
बंजर भूमि और खाली समुद्र हमेशा के लिए खींच रहे हैं

किम और मैं बैठा हुआ था
हवा की सजा सुनना
शाखाओं के माध्यम से
हमने अपनी सांस सुनाई है
हमारे बर्फ के माध्यम से बनते मदबतनेजमक स्कार्फ
क्लिंगिंग का एक उल्लेखनीय अनुपस्थिति, झपकी लेना
स्काववकिंग। हम केवल प्राणियों थे
इस पवित्र जमीन पर चलना
वर्तमान और कालातीत

हमारे रिटर्न पर
बर्फ ने हमारे चेहरे को दबा दिया
जैसा हमने लटका दिया
बढ़ने के माध्यम से
हम केवल देख सकते कतपजि
इंच हमारे जमे हुए ज्वार के सामने

हम पर पहुंचने पर दबाव
हमारे 'क्यूबा समुद्र तट'
जैसा कि हमने इसे स्नेही नाम दिया है
पूर्व के नीचे सूखा
रोने वाली विलो की बाहें
सभी शांतता से वहाँ शांत

the wind blew above our heads
instead of directly into our faces.
We stood and relaxed
arm linked into arm
for a few minutes
simply relishing the moment
of place and time.

हवा हमारे सिर से ऊपर उड़ा दिया
सीधे हमारे चेहरे के बजाय
हम खड़े हुए और आराम से
बांह में जुड़ा हाथ
कुछ मिनट के लिए
बस पल को भरना
जगह और समय का।

Beyond the Last Sandbar
पिछले रेतबार से परे

John B. Lee

जॉन बी. ली

Living at the Monk Motel

I wake in the morning
to the crimson hallelujah
of divine sunrise
burning off the last vestiges
of vaporous darkness
with the slow coming on
of consciousness after dreaming
only the visible spire
and the white stone architecture
of the Abbey's clarified geometrics
breaking through the pines
with its bells calling out for the earth's
deep attention
gonging through the groomed hills of Gethsemani
over the grave thoughts of the dead
in the yard as ghostly companions
to the meditative garden
only these human interruptions
corrupting the wild
insignificant and always worshipful
chorus of cold-light cicadas
sawing their wings into wilderness choirs, this
and the irrepressible urgency of birdsong
celebrates daylight and silence

मोनाक मोटेल में रहते हुए

मैं सुबह उठूंगा
क्रिमसन हालेलुजाह के लिए
दिव्य सूर्योदय का
आखिरी अवशेषों को जलाने
वाष्पशील अंधेरे का
धीरे-धीरे आने पर
सपने देखने के बाद चेतना का
केवल दृश्य शिखर
और सफेद पत्थर की वास्तुकला
अभय के स्पष्ट ज्यामितीय के बारे में
पाइंस के माध्यम से तोड़ना
अपनी घंटों के साथ पृथ्वी के लिए बुला रहे हैं
गहरा ध्यान
गेथसेमनी की तैयार पहाड़ियों के माध्यम से गोंगिंग
मृतकों के गंभीर विचारों पर
भूतिया साथी के रूप में यार्ड में
ध्यान बगीचे में
केवल ये मानव रुकावटें
जंगली को भ्रष्ट करना
तुच्छ और हमेशा पूजा करने योग्य
ठंडा-प्रकाश बपबंकें के कोरस
अपने पंखों को जंगल के चयनाओं में देखा, यह
और पक्षोंगों के अदम्य तात्कालिकता
दिन के उजाले और मौन मनाता है

and that we are humans then
comes true in the body
as bones, locked
in otherwise golden inches
where pleasure
pours dark honey of heart blush
to the pulse points of temple and wrist, my words
like cut grass falling
at the meaningful edge of the meadow
with its redolent fragrance of clover's
interweaving perfume
unseen in tall timothy
grown wishful of seeding

और यह कि हम मनुष्य हैं
शरीर में सच हो जाता है
हड्डियों के रूप में, बंद
अन्यथा गोल्डन इंच में
जहां खुशी
दिल की लाल के शहद का लाल शहद
मंदिर और कलाई के नाड़ी बिंदुओं पर, मेरे शब्द
कट घास को गिरने की तरह
घास का मैदान के अर्थपूर्ण किनारे पर
क्लोवर की अपनी सुगन्धित सुगंध के साथ
इंटरवेविंग इत्र
लंबा टिमोथी में अनदेखी
बोने की बढ़िया इच्छाशक्ति

Mike Wilson's Chestnut

Mike Wilson
speaks of a chestnut tree
occupying the property line
where he lives
near the vanishing shores of the lake

and he says
he has overheard intentions to cut it down
though it is redolent with lovely
wind-scrap fragrant white blossoms
littering the green life of early summer
by autumn grown prickly with pericarps falling in spiked
spheres

it seems where the shade lies soothing the earth
there's a swath of sweet sorrow
cooling the sand on the lawn light deep

Mike swears the tree is moving
his way its shadowline sidling closer
like a widow slow dancing for grief

माइक विल्सन की चेस्टनट

माइक विल्सन
एक शाहबलूत पेड़ के बोलता है
संपत्ति लाइन पर कब्जा
वह कहाँ रहता है
झील के लुप्त किनारों के पास

और वह कहते हैं
उसने इसे कटौती करने के इरादों को सुनाया है
हालांकि यह सुंदर के साथ सुस्त है
पवन-स्क्रैप सुगंधित सफेद फूल
शुरुआती गर्मियों के हरे रंग की जिन्दगी
शरद ऋतु द्वारा पेरिकार्प्स के साथ कांटेदार हो गया
सुस्त क्षेत्रों में गिरने

ऐसा लगता है कि जहां छाया झूठ है पृथ्वी सुखदायक
मिठाई दुख की एक झुंड है
लॉन पर रेत को ठंडा करना हल्की गहरी

माइक ने कसम खाई है कि पेड़ चल रहा है
उसके रास्ते में इसकी छाया रेखा करीब आती है
जैसे एक विधवा दुख के लिए धीमा नृत्य

Birdshit Magic–a triptych

I

my cousin Bill
bragging about their beautiful
blue-feathered budgerigar
let him loose
from the cage
so he fluttered
like a lovely iridescent aquamarine
brilliant-winged tropical hallucination
something from the forests of Sri Lanka
something from the treetops
of Costa Rica
the lost green song of a canopy
ringing the bells
and climbing up the Lilliputian ladders
of their farmhouse kitchen
and Bill was grinning
as though he were soul-master
of this television rainforest

this upright piano parlour wilderness
the budgie – shall we call him
Fred – landing

बर्डशिट मैजिक-एक त्रिप्तीच

I

मेरे चचेरे भाई विधेयक
अपने सुंदर के बारे में डींग मारने
नीले रंग के पंख वाले बगगेरीगर
उसे ढीला होने दें
पिंजरे से
तो वह फहराया
एक सुंदर इंद्रधनुषी नीला पानी की तरह
शानदार पंखों वाला उष्णकटिबंधीय मतिभ्रम
श्रीलंका के जंगलों से कुछ
ट्रिप्स से कुछ
कोस्टा रिका का
एक चंदवा का खो गया हरा गीत
घंटी बजती है
और लिलिपुटियन सीढ़ी चढ़ाई
उनके फार्महाउस रसोईघर का
और विधेयक मुस्कुरा रहा था
जैसे कि वह आत्मा-गुरु थे
इस टेलीविजन के वर्षावन में

यह ईमानदार पियानो पार्लर जंगल
बुड्जी – हम उसे फोन करेंगे
फ्रेड – लैंडिंग

at the exact centre
of William Douglas Gardiner's
well-barbered boy's coiffure
perched there with the lad smiling like Christmas
when Fred bobbed his tail
and deposited a white dollop
of birdlime
greasing the crown
with a fragrant dab of tonic
smearing the cowlick in a whirl of guano
whirlpooling into his scalp
larding the very roots
as with all the vitality of one sweet chirrup
that turd-maker's song
broke forth from his throat in joyful celebration
and we cousins
bent double with laughter
watched Bill
reach up and work his hand
like an unhappy housepainter

meanwhile Fred
returned to his cage with conviction
pulled shut the little silver door
preened his ruff in the mirror
blinked his sleepy eyes
and dreamed perhaps
the closing hand of paradise

सटीक केंद्र पर
विलियम डगलस गार्डिनर की
अच्छी तरह से बाकी लड़के का मसाला
क्रिसमस की तरह मुस्कुराते हुए बालक के साथ वहाँ बैठे
जब फ्रेड ने अपनी पूंछ लगाई
और एक सफेद डंडाओप जमा किया
चिड़ियाघर का
मुकुट हतमेंपदह
टॉनिक के सुगंधित डब के साथ
गनोनो की चक्कर में गायिका को गड़बड़ाना
अपनी खोपड़ी में घुमक्कड़पूलिंग
बहुत जड़ों की रक्षा करना
एक मिठाई चिराग के सभी जीवन शक्ति के साथ के रूप में
वह टर्ड मेकर का गीत
खुशहाल उत्सव में अपने गले से अलग हो गया
और हम चचेरे भाई
हँसी के साथ डबल दांत
देखा बिल
तक पहुंचने और उसका हाथ काम करना
एक दुखी घरपैतिक की तरह

बीच में फ्रेड
विश्वास के साथ अपने पिंजरे में लौट आया
छोटे चांदी के दरवाजे बंद कर दिया
मिरर में अपनी रफी लगा दी
उसकी नींद आंखों को चमकती हुई
और शायद सपना देखा
स्वर्ग का समापन हाथ

II

walking the long lane
leading down to the road from the barns
to catch the bus for school
and we were late
could see the yellow monster
coming out of the west
with Mel, the meanest driver in the fleet
already angry at the wheel
he once put a gaggle of Catholic kids
out and into the white whirl
of a country blizzard
a half-mile from their home
and knowing he wouldn't stop for us that day
if we weren't dutifully waiting exactly where we were supposed
to be
his gears grinding and brakes farting refusal
we ran
that last long length of hill
made ourselves visible
our winter breath
smoking like wet gas
and we were almost there
when an aviary swath of unnecessary heaven
came painting my shadow
like a patch of snow

and I was thus bleached by an occupied wind
I was splashed
face and shoulder
shirt and trouser

II

लंबी लेन चलना
बार्नस से सड़क के नीचे जा रहे हैं
स्कूल के लिए बस को पकड़ने के लिए
और हम देर से थे
पीले राक्षस को देख सकता था
पश्चिम से बाहर आ रहा है
मेल के साथ, बेड़े में सबसे मुश्किल चालक
पहिया पर पहले से ही गुस्सा
वह एक बार कैथोलिक बच्चों की एक गैगिंग डाल
बाहर और सफेद चक्कर में
एक देश का तूफान
अपने घर से आधे मील दूर
और यह जानकर कि वह हमारे लिए उस दिन नहीं रोकेंगे
अगर हम कर्तव्यदायी रूप से इंतजार नहीं कर रहे थे बिल्कुल जहां हमें होना
चाहिए था
उनके गियर्स पीस रहे हैं और ब्रेक ने इनकार कर दिया है
हम दौड़े
कि पिछली पहाड़ी की लंबी लंबाई
खुद को दिखाई दिया
हमारे शीतकालीन सांस
गीली गैस की तरह धूम्रपान
और हम लगभग वहां थे
जब अनावश्यक स्वर्ग के एक एवियरी झाड़ू
मेरी छाया चित्रकला आया
बर्फ की एक पैच की तरह

और मैं इस तरह एक कटा हुआ हवा से प्रक्षालित हुआ था
मुझे छिड़क दिया गया था
चेहरे और कंधे
शर्ट और ट्राउजर

like purified stone
no city-park statue ever experienced more
pigeon reverence than I
that morning
breathless with importance
dashing like a half ghost of a ghoulish schoolboy
my forehead pale as new plaster
drying over the old

III

I was in Ezulie authentic voodoo shop
on Royal street New Orleans
when I came upon
an altar by the door
with a warning in bold letters
cursing all desecration of the sacred icons
do not shame the juju, the gris-gris, the beads
and bottles, candles and skulls, yet I could not resist
the tourist in me daring the fates
I let the mischief of my finger
trace the dust
in defiance of Loa
dishonouring the Creole spirits of the whatnot shelf
then easing outside
dressed as I was for fine dining
I took a single step
into that crimson Louisiana sunset
when from the shores of Ponchartrain
the same lake that broke the levee
and flooded the city drowning the poor

शुद्ध पत्थर की तरह
कोई भी शहर पार्क प्रतिमा कभी अधिक अनुभव नहीं है
कबूतर श्रद्धा से मैं
उस सुबह
महत्व के साथ बेदम
एक घृणित विद्यालय के आधा भूत की तरह तेज
मेरे माथे में नए प्लास्टर के रूप में पीला है
पुराने पर सुखाने

III

मैं एज्यूली प्रामाणिक वूडू दुकान में था
रॉयल स्ट्रीट न्यू ऑरलियन्स पर
जब मैं आया था
दरवाजे के द्वारा एक वेदी
बोल्ड अक्षरों में एक चेतावनी के साथ
पवित्र चिह्नों के सभी अपवित्रता को दबाना
जूजू, वास, मोती, मोती लज्जा मत करो
और बोतलें, मोमबत्तियाँ और खोपड़ी, फिर भी मैं विरोध नहीं कर सका
मुझ में पर्यटक भाग्य बहादुर
मैं अपनी उंगली की शरारत को दूँ
धूल का पता लगाओ
स्वं की अवज्ञा में
जोश शेल्फ की क्रेओल आत्माओं का अपमान करते हुए
फिर बाहर सहजता
जैसा कि मैंने ठीक भोजन के लिए तैयार किया था
मैंने एक कदम उठाया
कि क्रिमसन लुइसियाना सूर्यास्त में
जब पोंचर्ट्रेन के किनारे से
एक ही झील जो तिल तोड़ गई थी
और शहर में बुरे लोगों को डूब गया

a lonesome gull vented revenge
as though the ghost of Marie Laveau
voodoo queen of the French Quarter
were staining an unbeliever
with this white surmise

एक अकेस गल वेंट बदला
जैसे कि मैरी लर्वॉ का भूत
फ्रेंच क्वार्टर की वूडू रानी
एक अविश्वासी को धुंधला कर रहे थे
इस सफेद अनुमान के साथ

एक अकेस गल वेंट बदला
जैसे कि मैरी लर्वॉ का भूत
फ्रेंच क्वार्टर की वूडू रानी

The Whicker Man

my mother as an eight-year-old child
a blonde with page-cut tresses
sits astride the saddle
of a mane-hawked black pony
that little horse going
farm to farm as a photographer's prop
and she is dressed in a pale blue frock
wearing a tan cardigan open to the air
and she grasps the horn
above the pommel
her hands folded as though in supplication
her face affecting a concentrated squint
as she stares
straight at the optic lens of the camera

her sister Ruth
a toddler–grips
the slack rein
standing as she is on the grass
in her buckle shoes
and her slack-at-the knee
leotard, her blue pinafore
bibbed in identical blue
wearing a brown sweater buttoned at the throat

व्हाइकर मैन

एक आठ वर्षीय बच्चे के रूप में मेरी मां
पेज-कट ट्रेस के साथ एक गोरा
काठी के किनारे पर बैठता है
एक माने-काली काली टट्टू का
वह छोटा घोड़ा जा रहा है
एक फोटोग्राफर के सहारा के रूप में खेत करने के लिए खेत
और वह एक हल्के नीले फ्रॉक में तैयार की जाती है
हवा के लिए एक तन कार्डिगन खोलना
और वह सींग को पकड़ती है
पॉमेल से ऊपर
उसके मुंह से मुस्कुराते हुए कहा
उसके चेहरे को एक केंद्रित स्क्विंट को प्रभावित करना
के रूप में वह साफ झलकती है
सीधे कैमरे के ऑप्टिक लेंस पर

उसकी बहन रुथ
एक बच्चा-पकड़
ढीला लगाम
वह खड़ी है क्योंकि वह घास पर है
उसकी बकसुआ जूते में
और उसे ढीला-पर-घुटने
समवजंतक, उसके नीले चपदंवितम
समान नीले रंग में बांधा
गले में एक भूरे रंग का स्वेटर बटन दबाया हुआ

and I see
those sister shadows
darkening the lawn
like ragged paper dolls cut through from the light
by the farmhouse
with its stucco cracked away in
fractured sheets gone from the wall
where the lath is revealed at a slant
framing the half-seen window
that is grey in the glaze
like wet ice

though it was full summer
that day near Mull Crossing
with everything colourized
as was the fashion of photography then
my mother's cheeks blushing as though
they were brushed with rouge
and the fence marks the edge of the field
where the ghostly form of a whicker man
takes shape in the wire

और मैं देख रहा हूँ
उन बहनों छाया
लॉन को काला करना
जैसे बड़े कागज वाले गुड़िया रोशनी से काटते हैं
फार्महाउस द्वारा
इसके प्लास्टर के साथ में दूर फटा
दीवार से चली गई भंगुरियां
जहां एक तिरछा पर लथ का पता चला है
आधा देखा खिड़की तैयार
कि शीशे का आवरण में ग्रे है
गीली बर्फ की तरह

हालांकि यह पूर्ण गर्मी थी
उस दिन मौल क्रॉसिंग के पास
सब कुछ के साथ रंगीन
के रूप में फोटोग्राफी का फैशन तो था
मेरी मां के गाल बहते हुए जैसे
वे रूज के साथ ब्रश थे
और बाड़ क्षेत्र के किनारे के निशान हैं
जहां एक प्रेत का आदमी के भूतिया रूप
तार में आकार लेता है

The Lonesome Death of Her Dog in the Cellar

when my mother was young
a flaxen-haired time-favoured girl
growing up
on a hardscrabble farm
a mile from Mull Crossing
her beloved little terrier dog
bitten by a rabid fox
languished locked in the root cellar
mad with thirst
his hydrophobic mouth frothing at the flews

at first light
the dark loss of his desperate claws
could be heard
scratch digging shut lumber
like hail on the roof from below

and what it was
bruised her green-leafed heart
and blackened the pulse of soft things dying
and who is to say of her sorrow
that she did not weep
herself to sleep
over the cruel nature of individual darkness

तहखाने में लोनसॉम डेथ ऑफ होप डॉग इन

जब मेरी मां युवा थी
एक सफेद बालों वाली समय-इष्ट लड़की
बड़े होना
एक हार्डस्क्रेबबल खेत पर
मल क्रॉसिंग से एक मील
उसके प्यारे छोटे टेरियर कुत्ते
एक पागल फॉक्स द्वारा काटा गया
जड़ तहखाने में बंद निलंबित
प्यास से पागल
उनके हाइड्रोफोबिक मुंह सिमू पर तिवजीपदह

पहले रोशनी में
उसकी हताश पंजे की अंधेरे हानि
सुना जा सकता है
खरोंच खुदाई बंद लकड़ी
नीचे से छत पर ओलों की तरह

और यह क्या था
उसके हरे पत्ते दिल को चोट पहुंचाई
और नरम चीजों की नब्ज मरने से मर गया
और उसके दुरू ख के बारे में क्या कहना है
कि वह रो नहीं पाई
खुद को सोने के लिए
व्यक्तिगत अंधेरे की क्रूर प्रति पर

when blue sky shrinks and fails to fit the earth
with its shadow flicker of wind in white birches
surrounding the house as it whispers

oh they severed the head of your little dog
in Guelph
and cut into his brain for the proof
of what memory becomes
when it is lost
and liars own the past

जब नीला आकाश सिकुड़ता है और पृथ्वी को फिट करने में विफल रहता है
इसकी सफेद झुकाव में हवा की छाया झिलमिलाहट के साथ
घर के आसपास के रूप में यह फुसफुसाते हुए

ओह, उन्होंने अपने छोटे कुत्ते के सिर को तोड़ दिया
गिलेफ में
और सबूत के लिए अपने मस्तिष्क में कटौती
की स्मृति क्या हो जाता है
जब यह खो जाता है
और झूठे अतीत के मालिक हैं

Blue Sorrow

"Oh damn I wish I were
dead - absolutely nonexistent –
gone away from here – from
everywhere ..."
          – Marilyn Monroe "Brooklyn Bridge"

Marilyn Monroe
and my mother
were born the same year
and my mother
born in the little house
on the hardscrabble farm near Mull Crossing
was also a great beauty

my mother
in the apple orchard
wearing a ragged straw hat
her hair
still long to her shoulders
captured in a late- summer photograph
before she met my father
when the ladders
were still in the barn
and the baskets were light

नीला दुख

''ओह, मुझे लगता है कि मैं थे
मृत – बिल्कुल न कहीं –
यहां से दूर चले गए – से
हर जगह ... '
            – मर्लिन मोनरो ''ब्रुकलिन ब्रिज''

मर्लिन मुनरो
और मेरी मां
उसी वर्ष पैदा हुए थे
और मेरी मां
छोटे घर में पैदा हुआ
मॉल क्रॉसिंग के पास कड़े स्केल पर खेत
भी एक महान सौंदर्य था

मेरी माँ
सेब के बगीचे में
खड़ी पुआल टोपी पहने हुए
उसके बाल
अभी भी उसके कंधे तक
देर से गर्मी की तस्वीर में कब्जा कर लिया
इससे पहले कि वह मेरे पिता से मिले
जब सीढ़ी
अभी भी खलिहान में थे
और टोकरी हल्की थी

in the shed
with autumn to promise us cider
and winters to hold hard on the ground
heaving field stones through frost in the spring

and yes
she would marry
have children
and live through her life
until now
confined in a chair
her memory gone
as she fades in blue sorrow
like the light that we lose to the sun

छप्पर में
शरद ऋतु के साथ हमें साइडर वादा करने के लिए
और सर्दियों को जमीन पर कड़ी मेहनत करने के लिए
वसंत ऋतु में ठंढ के माध्यम से क्षेत्र के पत्थरों को हिलाई करना

और हाँ
वह शादी करेगी
बच्चे हैं
और उसके जीवन के माध्यम से रहते हैं
अब तक
एक कुर्सी में सीमित
उसकी याद आ गयी
जैसा कि वह नीले दुख में फड़फड़ाता है
प्रकाश की तरह जो हम सूरज से खो देते हैं

Alive Enough

my mother
always blamed her adult deafness
on chronic catarrh
and the purulent weeping of her aching ears
waxing her pillowslip in childhood
so when we were driving
to the clinic
in her big widow's boat
of a car
her broken hearing device crackling on the dash
like a small storm
when she asked me to
please shout so I can hear you
and as a jest I hollered
like a street mime
moving my mouth on silence
with the round voluble o's of someone
struck hard in the sternum
unable to catch a breath
and I was pretending the stentorian
oratory of someone
at the carwash
loud voiced in a wet roaring
and she seemed

जिंदा पर्याप्त

मेरी माँ
हमेशा अपने वयस्क बहरापन को दोषी ठहराया
पुरानी कटार पर
और उसके दर्द कानों की रोशनी रो रही है
बचपन में उसकी तलहटी को ढकने लगी
इसलिए जब हम गाड़ी चला रहे थे
क्लिनिक के लिए
उसकी बड़ी विधवा की नाव में
कार की
डैश पर उसकी टूटी हुई सुनवाई डिवाइस की कड़कती
एक छोटे तूफान की तरह
जब उसने मुझसे पूछा
 पया चिल्लाओ तो मैं आपको सुन सकता हूं
और एक मजाक के रूप में मैं हॉलर्ड
एक सड़क के रूप में मीम
चुप्पी पर मेरे मुंह को हिलाने
किसी के गोल वॉलबल ओ के साथ
उरोस्थि में कड़ी मेहनत की
एक सांस पकड़ने में असमर्थ
और मैं स्टेंटोरियन का नाटक कर रहा था
किसी के मुखपत्र
कारवाश में
एक गीला गर्जन में जोर से आवाज उठाई
और वह लग रहा था

fooled - "are you really
shouting ..." she inquired

and I wondered for a moment
am I alive enough
to listen like
an infant-unborn swimming
through water sounds
towards a second darkness
lost as I am in the first

मूर्ख – 'क्या तुम सच में हो
चिल्लाते हुए...' उसने पूछा

और मैं एक पल के लिए सोच रहा था
क्या मैं काफी जिंदा हूं
जैसे सुनना
शिशु-अनजान तैराकी
पानी की आवाज के माध्यम से
दूसरे अंधेरे की ओर
जैसे ही मैं पहली बार हूँ

Oh Silo My Columbarium

for me
the ghost on the hill of the family farm
comes shaded
in the white-shadow-shape
of the silo by the barns
for it has lost its all
from the fragrant seasons
of my youth
when the air seemed sorghum sweet
in the early fall
and the silage line
came greening up the inner walls
like the harvest as a water line
in a handsome well

how high the ladder went then
with the rung's force
in the instep of the man
assigned to climb
out of the earth
and into the blue circumference
of a circle of sky
as though he were rising
to the limits of heaven

ओह सिलो मेरी कोलंबारीम

मेरे लिए
परिवार के खेत की पहाड़ी पर भूत
छयांकित आता है
सफेद-छाया-आकार में
बार्नस द्वारा सिलो का
क्योंकि इसके सभी को खो दिया है
सुगंधित मौसम से
मेरी जवानी का
जब हवा में सोराग्राम मिठाई लग रहा था
शुरुआती गिरावट में
और सिलेज लाइन
आंतरिक दीवारों को हरा कर आया
एक पानी की रेखा के रूप में फसल की तरह
एक सुंदर कूल में

सीढ़ी कितनी ऊंची चली गई
दराज के बल के साथ
आदमी के पल में
चढ़ाई करने के लिए आवंटित
पृथ्वी से बाहर
और नीले परिधि में
आकाश का एक चक्र
जैसे कि वह बढ़ रहे थे
स्वर्ग की सीमाओं के लिए

in that litmus of light
encompassed by an azure describe
of something portioned by desire
for divine ascension
like mist in the mind of morning

and I remember
how winter formed on the ten tined fork
in the redolent curve of wet feed
as it fell to strike its odour
rung by rung descending to the floor
how like a columbarium
that choir of pigeons worshiping dawn
in flights of the silo's dovecote
preening the iridescent beauty of their blue-green feathers
shitting as they flew
up and out of a shattering white like milk splash
and the after-stain of faded lime gone spirit grey

why then
is it with lamentation alone
that I mourn
the vacant ground
where walked my father
like a patch of fog
adrift in the solid reasons that we live
all melted away
like fruit from seed and leaf from shade
and thus our branches break at the graft
in sun-cast weather
when the weight of darkness feels
like the burden of light

प्रकाश की उस लिटमस में
एक नीला द्वारा वर्णित वर्णन
इच्छा से भरी हुई चीजों का
दिव्य उदगम के लिए
सुबह की तरह धुंध की तरह

और मुझे याद है
कैसे दस जपदमक कांटा पर सर्दियों का गठन किया
गीली फीड के लालचदार वक्र में
जैसा कि यह अपनी गंध हड़ताल गिर गया
फर्श पर चढ़ते हुए किनारे से घूमते हुए
कैसे एक बवसनउइंतपनउ की तरह
कबूतरों के गाना बजानेवाले पूजा सुबह
सैलो के कबूतर की उड़ानों में
अपने नीले-हरे पंखों के इंद्रधनुषी सुंदरता को खढत्म करना
शिखर के रूप में वे उड़ान भरी
दूध छपने की तरह सफेद रंग का एक और चमकदार
और फीका चूने के बाद दाग आत्मा भूरे रंग में चला गया

तो क्यों
अकेले विलाप के साथ है
कि मैं विलाप करता हूँ
खाली जमीन
जहां मेरे पिताजी चले गए
कोहरा के पैच की तरह
ठोस कारण है कि हम रहते हैं में असमर्थ है
सभी पिघल गए
जैसे बीज और पत्तियों से बीज से फल
और इस प्रकार हमारी शाखाएं भ्रष्टाचार पर टूट जाती हैं
सूरज कास्ट मौसम में
जब अंधेरे का भार महसूस होता है
जैसे प्रकाश का बोझ

This Beautiful Debris

how like the coming on of a big wind
the iron ball
that brought the home barns down

and there in the wreckage
in that rubble
of broken boards and stony ruin
the mow sagged fallen inward on its blackening shade

as if with an overheavy harvest
from long ago old forage gone grey-green
as is with the darkening down of the light in the field
on a summer evening

and this barn
built there by men of my blood
set on the land where it once stood rising
from first foundation to hip and beam

tall rafter and roof glory gone
the fenceless farm now bald as a weathered hill

with nothing further to say
to the carting away of this beautiful debris

यह सुंदर मलबे

कैसे एक बड़ी हवा पर आने की तरह
लोहे की गेंद
कि घर के नीचे इंतदे लाया

और मलबे में
उस मलबे में
टूटी बोर्डों और पत्थर की बर्बादी
घास काटने वाले अपने काले रंग की छाया पर आवक गिर गया

जैसे कि एक ऊंचा फैलाव के साथ
लंबे समय से पहले पुराने चारा ग्रे-हरा चला गया
जैसा कि मैदान में प्रकाश के अंधेरे नीचे के साथ है
एक गर्मियों की शाम को

और यह खलिहान
मेरे खून के लोगों ने वहां बनाया
उस भूमि पर सेट करें जहां वह एक बार खड़ी हो रही थी
पहले नींव से कूल्हे और बीम तक

लंबा राधार और छत की महिमा चला गया
बेकार खेत अब एक हिमपात पहाड़ी के रूप में गंजा है

बिना कुछ और कहने के लिए
इस खूबसूरत मलबे से दूर कार्टिंग करने के लिए

Beyond the Last Sandbar

beyond the last sandbar
a small regatta of gulls
float at rest
and they are shell-white
drifting in a barely seeable circle
of windless motion
each gull like a nun's cornette
if a nun were a doll
and the doll were drowned
riding the slow inbreath of resting water
rising and falling to follow old
rhythms of a sleepy measure
in calm dreaming
without foam
where the sky lay fallen
like the lassitude of blue silk settling
drawn on the loom at the hem
by a delicate tugging of a thread-sure hand

and there
to the east
a grey-black armada of Canada geese
wild waterfowl
blinking their webbed feet

पिछले रेतबार से परे

पिछले रेतबार से परे
गल्स का एक छोटा रेगुटा
आराम से फ्लोट करें
और वे शेल-सफेद हैं
बमुश्किल देखने योग्य वृत्त में बहती है
हवाहीन गति का
एक नन के गोदाम की तरह हर गुल
अगर एक नन एक गुड़िया थे
और गुड़िया डूब गए थे
आराम पानी की धीमी गति से सवारी की सवारी
बढ़ने और गिरने के लिए पुराने पालन करने के लिए
एक नींद के उपाय की लय
शांत सपनों में
फोम के बिना
जहां आकाश गिर गया
जैसे नीली रेशम के निपटान की नितांतता
हेम पर करघा पर खींचा
एक धागा यकीन है कि हाथ के एक नाजुक जनहहपदह द्वारा

और वहाँ
पूरब की ओर
कनाडा ग्रेज के एक ग्रे-ब्लैक आरमार
जंगली झरना
अपने बेब फीट को पलक करना

coming in and going thence
to groom the beach
with the drop-shadow of their reflections
like ash on water
washing away the fire
built over-close to the finality of waves
in the hissing of dampened heat
that flares up and is banked for last burning

overhead
a kettle of vultures
catch thermals
along the black drag of a ragged coast

as a sudden hawk
glides through worried by crows
chased by that caw
going west
to the general rumours of awe

what is it then I wonder
to live in the wind
what is it to be born
in the rough nest
of the aerie
like a storm-broken
orchard
the oriole's pouch
the martin's motel
to thrive in the swamp
or live on the high ledge
overlooking the city

आ रहा है और वहां से जा रहा है
समुद्र तट दूल्हे के लिए
उनके प्रतिबिंब के ड्रॉप-छाया के साथ
पानी पर राख की तरह
आग से धोना
तरंगों की समाप्ति के करीब से बने
नमक गर्मी के संचय में
कि सिंतमे और पिछले जलने के लिए बैंकिंग है

भूमि के ऊपर
गिद्धों की केतली
थर्मल को पकड़ो
एक विशाल तट के काली खींचने के साथ

अचानक हॉक के रूप में
कौवे द्वारा चिंतित होने के माध्यम से उड़ता है
उस काक द्वारा पीछ किया
पश्चिम जा रहा है
भयावहता की आम अफवाहों के लिए

तो क्या है मुझे आश्चर्य है
हवा में रहने के लिए
यह पैदा करने के लिए क्या है
किसी न किसी घोंसले में
एरी की
जैसे तूफान टूट गया
बगीचे
ओरियल का थैली
मार्टिन के मोटल
दलदल में पनपने के लिए
या उच्च कगार पर रहते हैं
शहर की ओर देख रहे हैं

I've seen those chevrons
pulling the dark remainder of day
as it cools
and they're quickening home
to the close at hand shallows
of gloom

it is sweet to remember
and lovely to know
how the forest forgets and the forest recalls
as we enter the earth
like the rain

मैंने उन चेवरों को देखा है
दिन के अंधेरे शेष खींच
जैसा कि यह ठंडा है
और वे घर जल्दी कर रहे हैं
हाथ में निकट से उथले
उदासी का

यह याद रखना बहुत ही प्यारा है
और जानना अच्छा है
जंगल कैसे भूल जाता है और वन याद करता है
जैसा कि हम पृथ्वी दर्ज करें
बारिश की तरह

Now I am Become Death the Destroyer of Worlds

broom grass sweeps blue air
above the ditches of these environs
with all the failing energy at end of day
attending to the grey of a fallen sky

and we mostly mistake
that lazy seed-headed sway
for something lovely
like slowing desire
lost in the shadow of lace and light
where lovers lie and are become voluptuous
in darkening volumes of summer heat

but the truth
of this common reed
involves
a greedy overcoming
a thickening
invasion of toxic slog
as it is with the forest of spears
and plumed helmets
marching over the doomed landscape
like the ghostly armies
of some ancient death-bringing
empire of dust

अब मैं संसारों के विनाश करने वाला मौत बन गया हूँ

झाड़ू की घास नीली हवा से मिलती है
इन परिवेशों के खाइयों के ऊपर
दिन के अंत में सभी असफल ऊर्जा के साथ
एक गिर आसमान की भूरे में भाग लेने

और हम ज्यादातर गलती करते हैं
उस आलसी बीज का नेतृत्व किया
कुछ सुंदर के लिए
धीमा इच्छा की तरह
फीता और प्रकाश की छाया में खो दिया
जहां प्रेमी झूठ बोलते हैं और कामुक बन जाते हैं
गर्मियों की गर्मी के अंधेरे संस्करणों में

लेकिन सच्चाई
इस आम रीड के बारे में
शामिल
एक लालची पर काबू पाने
एक मोटा होना
जहरीले नारे पर आक्रमण
क्योंकि यह भाले के जंगल के साथ है
और गुस्से में हेलमेट
बर्बाद परिदृश्य पर चलते हुए
भूतिया सेनाओं की तरह
कुछ प्राचीन मौत लाने के
धूल के साम्राज्य

this cruel King Phragmites
waving his fox-tailed flag
from a parapet of swamps and beaches
lacing the mud and climbing out
of the wet disease with a profligate sickness
of chicory and goldenrod
and dying phlox and wild carrot gone to the wind

इस क्रूर राजा फ्राग्रमियों
अपने लोमड़ी-पूंछ झंडा लहराते हुए
दलदलों और समुद्र तटों के एक पैमाना से
कीचड़ को ढंकना और बाहर चढ़ना
गीला बीमारी के एक अस्पष्ट बीमारी के साथ
चिक्की और गोल्डनोड का
और मरने वाले फ्लाक्स और जंगली गाजर हवा में चले गए

Dangerous to Say

from within the Te Deum and vigor of the day
I overhear

two old men
discussing a program seen
the night before
they have conflated
true stories from two very different wars
Vimy Ridge and Dieppe
and they can't recall
which battle was which
which where was where
or when was when
oh how the green and muddy land
between the bloody trenches
wept to hear
how the crimson sand
upon the gory beaches
mourned her dead indifferently

the souls of those who've lost their lives
at Troy unhorsed by night
come Lundy's Lane *lament your loss*
come Gettysburg *address all death*

खतरनाक कहो

ते देम के भीतर से और दिन की शक्ति
मैं सुनता हूं

दो बूढ़े आदमी
देखा एक कार्यक्रम पर चर्चा
रात से पहले
वे बवदसिंजमक है
दो बहुत अलग युद्धों से सच्ची कहानियाँ
विमी रिज एंड डायपे
और वे याद नहीं कर सकते
जो युद्ध था
जहां कहाँ था
या कब कब था
ओह कैसे हरे और गंदा जमीन
खूनी खाइयों के बीच
सुनने के लिए रोना
कैसे रेत रेत
धूर्त समुद्र तटों पर
उसके मरे हुए शोक में उदासीनता

उन लोगों की आत्माएं जिन्होंने अपना जीवन खो दिया है
ट्रॉय पर रात के दौरान असहयोग
आओ लंडी के लेन अपने नुकसान को विलाप
नमजजलेइनतह पता सभी मौत का आना

come Agincourt you band of brothers
flowering in fallen France come Waterloo
come you humble-hearted heroes at Thermopylae
and Marathon you've lost your breath in time
I've seen your shattered helmets
on a shelf
or rusting under polished glass

and as I come to praise
the Hittite forges
of Hephaestus
with his burning arm
raised hammering out of Etna's ash
like the sleeping lovers of Pompeii
I know I've had one uncle
sweeping mines at midnight
off the fatal coast of France
as his own uncle also
fought the Germans
when the baron ruled the reddish air

though now their ghosts
seem little more than crossing fogs
and all for glory
all for cost
it seems it may be dangerous to say
when only strangers to the time
have voice
and time comes aching
like a shadow on the stony sky

एगिनकोर्ट आप भाइयों के बैंड आते हैं
गिरने वाले फ्रांस में फूल वाल्टरू आ गया
थर्मोपाइले में आप विनम्र दिल वाले नायकों को आते हैं
और मैराथन आप समय में अपनी सांस खो दिया है
मैंने आपके बिखर हेलमेट को देखा है
शेल्फ पर
या पॉलिश गिलास के नीचे जंग खाए

और जैसा कि मैं प्रशंसा के लिए आते हैं
हित्ती फोर्ज
हेफेस्टस का
अपने जलते हाथ से
एटना की राख से बाहर टकराया
पोम्पी के सो प्रेमी की तरह
मुझे पता है कि मेरे पास एक चाचा था
आधी रात को व्यापक खानों
फ्रांस के घातक तट से दूर
अपने ही चाचा के रूप में भी
जर्मनी से लड़े
जब बैरन लाल हवा पर शासन किया था

हालांकि अब उनके भूत
कोहरे पार करने से थोड़ा अधिक लग रहे हैं
और महिमा के लिए सभी
सभी लागत के लिए
ऐसा लगता है कि यह कहना खतरनाक हो सकता है
जब केवल समय पर अजनबी
आवाज है
और समय दर्द आता है
पत्थर की आकाश पर छाया की तरह

A Sandy Field in Syria

within a sandy field
above the dusty whirlwind of a shovel's breath
the tailor's ghost by rock of eye
might measure out the length and depth of loss
beneath the quicklime eidolons that stain the air
then settle to the surface of a morbid berm
like white cloth briefly clinging to the angel-vanish
of a waking dream

who cares about the miller's web
that winters like a cotton rag
who weeps to watch a droning wasp
who drowns his wings in beer
or stings the gilded saucer
like a golden drug we take for death's revenge
go dig a ditch for solitude
a vulva's volume for the young
the waterline that chalks the grave
one hollow drop of darkness falling dry
through shadow-fathoms of bone-thirsty earth

the boy we grieve
the one who
worried for the safety of his toys at home

सीरिया में एक सैंडी फील्ड

एक रेतीले मैदान के भीतर
एक फावड़ा की सांस के धूसर बवंडर के ऊपर
आंख के चट्टान द्वारा दर्जी का भूत
हानि की लंबाई और गहराई को माप सकते हैं
क्यूब्लाइम ईडोलंस के नीचे जो हवा को दाग देता है
तो एक रोगी बीरम की सतह से बसा
जैसे सफेद कपड़ा संक्षेप में परी के लिए चिपके-गायब हो जाते हैं
जागने वाले सपनों का

जो मिलर के वेब की परवाह करता है
कि एक कपास चिराग की तरह सर्दियों
जो एक डूबने वाली ततैया देखने के लिए रोता है
जो बीयर में अपने पंखों को डूबता है
या सोने का मुलम्मे से पानी चढ़ा तश्तरी
जैसे एक सुनहरा दवा हम मौत के बदला लेने के लिए लेते हैं
एकांत के लिए खाई खोदना
युवाओं के लिए एक योनी का आकार
पानी की कतार में खड़ा है
अंधेरे की एक खोखली बूंदें सूखी पड़ रही हैं
हड्डी-प्यास पृथ्वी के छाया-फेथों के माध्यम से

लड़का हम शोक करते हैं
एक जो
घर पर अपने खिलौनों की सुरक्षा के लिए चिंतित

is gone
today, I sit and write below the star-refusing blue
of a saltlick coloured sky
so beautiful I almost taste the light
while science holds the lovely metatarsals
of some ancestor ape
the milk-weep memory
of ancient mother
offering its ash
from which I make a word
upon the tongue
and say the word that makes no sound
a reverent quiet true enough to make my sadness real

चला गया

आज, मैं बैठता हूं और नीले रंग के स्टार से मना कर रहा हूं

एक नमक का रंग का आकाश

इतनी सुंदर मैं लगभग प्रकाश का स्वाद

जबकि विज्ञान ने प्यारे मेटाटारल्स को अपनाया है

कुछ पूर्वजों एप की

दूध रो मेमोरी

प्राचीन माँ की

अपनी राख की पेशकश

जिसमें से मैं एक शब्द बना सकता हूँ

जीभ पर

और उस शब्द का कहना है जो ध्वनि नहीं बनाता है

एक श्रद्धालु सच सच है मेरी दुखी बनाने के लिए सच असली

The Foggy Despond of Opinion

my friend John
speaks of how at this present hour we are
living in the loud-voiced
anger of America breezing north
from that madhouse democracy
with its maniacal zeitgeist
curled into a white fist
like the ugly shards of a cut-inward can
and in that
"you had better be equal, or else"
liar's paradise with detritus littering
the streets of the earth
like a rotten orchard longing for spring
or the rancid river-stink
melting backwards from the ice floe of an iron shore
and sadly it seems
we have entered what he calls
the foggy despond of opinion
his phrase
for the powerful ignorance
and puissant dishonesty
of the willfully stupid mendacious masses
who conspire to cowardly importance
shouting menace
like dog bark staining cold glass

राय का धूमिल निरुपयोग

मेरे दोस्त जॉन
इस वर्तमान समय में हम कहां हैं
जोर-जोर से आवाज में रहते हुए
अमेरिका का क्रोध उत्तर बुलाने
उस पागलखाना लोकतंत्र से
इसके मैनियकल जिंतिजिस्ट के साथ
एक सफेद मुट्ठी में बनतसमक
एक कट-इनवर्ड के बदसूरत टुकड़े की तरह कर सकते हैं
और उसमें
'आप बेहतर था बराबर, या अन्य'
झूठा झूठ के साथ स्वर्ग
पृथ्वी की सड़कों
वसंत के लिए एक सड़े बाग की लालसा की तरह
या बहुरंगी नदी-बदबू आ रही है
एक लोहे के किनारे के बर्फ की तरफ से पीछे की पिघल
और दुख की बात यह लगता है
हमने जो कॉल किया है उसमें हमने प्रवेश किया है
राय के धूमिल निराशा
उनका वाक्यांश
शक्तिशाली अज्ञानता के लिए
और प्रचलित बेईमानी
जानबूझकर बेवकूफ बेबुनियाद लोगों का
जो कारीगर महत्व के लिए षडयंत्र करते हैं
चिल्ला चिल्लाहट
जैसे कुत्ते की छाल धुंधला शीत गिलास

The Human Skull for Sale on the Shelf of the Oddity Shop in Toronto

the grey rock of the frontal bone
of the human brow comes
rounded up and over the drab stone
of the skull
where the brain was housed
a hundred years ago
in the thought chamber of one living man
once born
to an island mother
when she built him
cell by cell
in the hothouse music
of her heart-and-water womb
and there he sits
a broken fraction of his being
the dark and sightless hollow sockets
of the mind as artifact
the spirit looking out
as though from fragments
of extinguished fire

टोरंटो में विषमता दुकान के शेल्फ पर बिक्री के लिए मानव खोपड़ी

ललाट की हड्डी के ग्रे चट्टान
मानव माथे का आता है
गोलाकार पत्थर पर और ऊपर गोल
खोपड़ी की
जहां मस्तिष्क रखा गया था
एक सौ साल पहले
एक जीवित व्यक्ति के विचार कक्ष में
एक बार पैदा हुआ
एक द्वीप माँ के लिए
जब उसने उसे बनाया
सेल द्वारा सेल
उथल-पुथल संगीत में
उसके दिल और पानी की गर्भ का
और वहां वह बैठता है
उनके होने के एक टूटे हुए अंश
अंधेरे और अनदेखी खोखले कुर्सियां
दिमाग के रूप में विरूपण साक्ष्य
आत्मा देख रही है
जैसे कि टुकड़ों से
आग बुझाने की

consider how the nucleolus bloomed
ten fingered
in the milky hunger of an ancient moon
now found
upon a sheet of glass
the zygomatic curio
become the object of the rich man's purse

who shapes a meaning from the dead
what bites the earth away to grass
to seek the blue grave of the sky
or feel again the common kiss of God
a startlement sublime

विचार करें कि न्यूक्लियोलस कैसे फूलता है
दस उँगलियाँ
एक प्राचीन चाँद की दूधिया भूख में
अब पाया
कांच के शीट पर
जीगैमेटिक क्युओओ
अमीर आदमी के बटुए का उद्देश्य बनें

जो मृत से एक अर्थ आकार
पृथ्वी को घास से दूर करने के लिए क्या काटा जाता है
आकाश की नीली कब्र की तलाश करना
या भगवान का आम चुंबन फिर से महसूस
एक डरावना उदात्त

To Find the Purpose of a Second Heart

my father
used to play a game
of *love me–you don't love me*
at the table
braceletting my wrist
with the clamping closed
of his hand
for proof, my ulna
like a sapling–*small*
encircled by
his adoration–evidence enough
as though to take my pulse
and find
its purpose in a second heart
the way the rain
might tap a leaf
to seek the green responding
where water leaps
and pools
before it falls to earth

and then
he'd lay his arm
as though

दूसरे दिल के उद्देश्य को खोजने के लिए

मेरे पिता
एक गेम खेलने के लिए इस्तेमाल किया
प्यार मुझे-तुम मुझे प्यार नहीं करते
मेज पर
मेरी कलाई को बांधना
क्लैंपिंग बंद होने के साथ
उसका हाथ
सबूत के लिए, मेरा उलना
एक पौधे की तरह-छोटे
द्वारा घेर लिया
उनकी आराधना-पर्याप्त सबूत
जैसे कि मेरी पल्स लेने के लिए
और ढूंढें
दूसरे दिल में इसका उद्देश्य
जिस तरह से बारिश
एक पत्ती टैप कर सकते हैं
हरे रंग की प्रतिक्रिया तलाशने के लिए
जहां पानी की गति बढ़ती है
और पूल
इससे पहले कि वह पृथ्वी पर गिर जाए

और फिर
वह अपने हाथ रखना चाहते हैं
मानो

he meant to let his blood
the dimpled blue
and vulnerable touch point
challenging my palm
my little
up-curled fingers
could not close
and *you don't love me*
he would say
that gap confirming all
becomes the locked lacuna
where my fingers bloomed

to think now
what a dust we make
the fertile loam
is laced with bones
and fire-fathered ash

वह अपने खून को बताने का मतलब था
धुंधला नीला
और कमजोर स्पर्श बिंदु
मेरी हथेली को चुनौती देना
मेरा छोटा
उतार-चढ़ाव उंगलियां
बंद नहीं कर सका
और तुम मुझसे प्यार नहीं करते
वह कह सकता है
यह अंतर सभी की पुष्टि करता है
बंद लैकुन बन जाता है
जहां मेरी उंगलियां खुलती हैं

अब सोचने के लिए
हम जो धूल करते हैं
उपजाऊ लोम
हड्डियों से सजी है
और अग्नि-राख राख

What Burns through Remember

at the side of the path
through the forest
on Gethsemani grounds
the poisonous vines
rise in the bark of the oak
on woody stems
like the veins on a weightlifter's arms
they are serious sermons
about reaching the sky
they are lifting
green leaves to the light
with their venomous oils
snaking through shade
their tri-leaf toxins
warning the darkness
I've come
with a shadow of blood
to bully the beat of the heart
with an old osmosis
I'm binding red welts
to the flesh
like the lash of a whip
I'm licking
the earth like a wound

बर्न्स के माध्यम से याद रखें

रास्ते के किनारे पर
जंगल से
गेथसेमनी मैदान पर
जहरीली दाखलताओं
ओक की छाल में वृद्धि
वुडी पर उपजी
एक भारोत्तोलक के हथियार पर नसों की तरह
वे गंभीर उपदेश हैं
आकाश तक पहुंचने के बारे में
वे उठा रहे हैं
हरे पत्ते को प्रकाश में
उनके विषैले तेलों के साथ
छाया के माध्यम से सनेकिंग
उनके त्रिकोणीय पत्ती जहरीले
अंधेरे की चेतावनी
मैं आ गया हूँ
रक्त की छाया के साथ
दिल की धड़कन को धमकाने के लिए
एक पुराने असमस के साथ
मैं लाल झालर बांध रहा हूँ
मांस के लिए
एक चाबुक की तरह
मैं चाट रहा हूँ
एक घाव की तरह पृथ्वी

in the clay
with blisters of rain

as for me
when I was a child
I saw
with such fear
as one feels as a youth
God's love
for the sparrow in song
or his love for the rat
in the grain
the strong brute rubbed a girl's face
washed her in weed
so she swelled
as though she were falling asleep
in the crimson scald of his rage ...

and that was the way
what burns
through remember
like vapor through smoke
with a match in the mind
called Lucifer
and the sulfurous scent of its light

मिट्टी में
बारिश के फफोले के साथ

मेरे लिए
जब मैं बच्चा था
मैंने देखा
ऐसे भय के साथ
जैसा कि एक युवा के रूप में महसूस करता है
ईश्वर का प्यार
गाने में गौरैया के लिए
या चूहा के लिए उसका प्यार
अनाज में
मजबूत जानवर एक लड़की के चेहरे मला मलवाना
उसे घास में धोया गया
तो वह बढ़ गई
जैसे कि वह सो रहे थे
क्रिमसन में उसकी क्रोध की खुजली

और यही तरीका था
क्या जलता है
याद के माध्यम से
धुआं से वाष्प की तरह
मन में एक मैच के साथ
लूसिफेर कहा जाता है
और उसके प्रकाश की सल्फरस गंध

Walking the Trail Near Crawly Falls, New Hampshire

in the live-free-or-die
groomed wilderness of New England
we shuffle along
the crack-bone winter trail
and we are old enough
to fear falling
on the wet-wax sheen
of the frozen forest
though my wife
goes down twice
with a flat *whoompf*
where the ice is dusted with snow
like a mill floor
and the pond nearby
is black as a mirror in darkness
where my son and his two sons
skip stones
what would be summer dapping
with the clock-spring
radiant waves that touch and skip
and shimmer
is now a long skid
over the candied skin of the water
each stuttering pebble seeking the far shore

ट्रैली फॉल्स, न्यू हैम्पशायर के पास ट्रेल चलना

लाइव-फ्री-या-मरने में
नई इंग्लैंड के जंगल तैयार किया
हम साथ घसीटना
दरार-हड्डी सर्दियों के निशान
और हम काफी पुरानी हैं
गिरने का डर
गीला-मोम चमक पर
जमे हुए जंगल का
यद्यपि मेरी पत्नी
दो बार नीचे चला जाता है
एक सपाट जोमपफ के साथ
जहां बर्फ बर्फ के साथ धूमिल है
एक मिल फर्श की तरह
और पास के तालाब
अंधेरे में एक दर्पण के रूप में काला है
जहां मेरा बेटा और उसके दो बेटे
पत्थरों को छोड़ें
क्या गर्मी डिपिंग होगा
घड़ी-वसंत के साथ
उज्ज्वल लहरें जो स्पर्श और छोड़ें
और शिमर
अब एक लंबी स्किड है
पानी की चिकनी त्वचा पर
हर हद तक कंकड़ दूर किनारे की तलाश में

and we go from there
to a place
with a view of a gully
where we walk through autumn rot
to the rim to look down
on a living stream
and there in the copse
a dead tree stands erect
and it would surely yield its height
even to the energy of boys
as my grandsons test its vigor
with their palms seeing that
it would go down, toppling
like a shot soldier newly dead
as to their busy hands I say
let stay, let is sleep where it stands, for
time will soon enough find
a moment to fall into the shadow pull
when the light comes pushing through

और हम वहां से जाते हैं
एक जगह पर
एक गली के दृश्य के साथ
जहां हम शरद ऋतु सड़ांध के माध्यम से चलते हैं
नीचे देखने के लिए रिम पर
एक जीवित धारा पर
और वहाँ तह में
एक मरे हुए पेड़ खड़ा है
और यह निश्चित रूप से इसकी ऊंचाई उपज देगा
यहां तक कि लड़कों की ऊर्जा के लिए
क्योंकि मेरे पोते अपनी ताकत का परीक्षण करते हैं
उनके हथेलियों को देखते हुए
यह नीचे जाना होगा, नीचे उतरना
एक शॉट सैनिक की तरह नौ मृत
अपने व्यस्त हाथों के रूप में मैं कहता हूं
रहने दो, चलो सो जहां यह खड़ा है, के लिए
समय जल्द ही पर्याप्त मिल जाएगा
छाया पल में गिरने के लिए एक पल
जब प्रकाश के माध्यम से जोर आता है

A Much Loved Man

we were there together at the end
in your warm parlour
looking out by way of a melancholy glaze
into what would be your last autumn
with the weather doubled grey
through smoke-smeared glass
for you were a smoker, had been a smoker since well before the war
living on into time untorn for days
with the winter yet to come without you
your late-season rain-ragged roses
clinging to their thorns deep red
like wet gore in old bandages
and you were lamenting lost hours
with afternoon gloom draping the trees in cool mist
like tarlatan floating in air
what leaves remained were hanging in tatters
when the knowledge of falling
comes quick like the flare and release of a dropped match burning
meanwhile on the sill by the door
your amaryllis bloomed in your absence
while the clock in the kitchen continued
keeping a widow's count of seemingly endless evenings
how old was your death in new darkness
when first light came sorrowing home

एक बहुत प्यारे आदमी

हम अंत में एक साथ थे

अपने गर्म पार्लर में

एक उदास शीशे का आवरण के माध्यम से देख रहे हैं

तुम्हारी आखिरी शरद ;तु क्या होगी

मौसम के साथ ग्रे दुगना

धुआं-धुंध गिलास के माध्यम से

क्योंकि आप धूम्रपान करने वाले थे, युद्ध से पहले अच्छी तरह धूम्रपान करते थे

दिनों में अन्तर्वासित दिनों में रहना

सर्दियों के साथ अभी तक तुम्हारे बिना आना

आपके देर ऋतु में बारिश से प्रचंड खड़ी हुई गुलाब

उनके कांटे को गहरे लाल से चिपकते हुए

पुराने पट्टों में गीला गोर जैसे

और आप खोए हुए घंटों में विलाप कर रहे थे

दोपहर के अंधेरे में ठंडे धुंध में पेड़ों को दबाना

जैसे हवा में तैरते चलना

टेटर्स में लटकाए हुए पत्ते क्या फांसी रहे थे

जब गिरने का ज्ञान

जल्दबाजी में जल्दबाजी की तरह आती है और गिराए गए मैच के ज्वलंत होने की वजह

इस बीच दरवाजे पर दाढ़ी पर

आपकी अनुपस्थिति में आपकी अमायली फूलती है

जबकि रसोई में घड़ी जारी रखा

एक विधवा की प्रतीत होता है अंतहीन शाम की संख्या रखते हुए

नए अंधेरे में तुम्हारी मृत्यु कितनी पुरानी थी

जब पहली रोशनी घर पर दुखी हो गई

In the Afterbalance

oh my rain-sheltered name
smouldering with ghost grief
and anonymous sorrow–big time
has nothing much to say of me

memento mori

heavy sorrow shrugs
from my shoulders
like a sack of grain
this heart set full on the floor.

अपवर्तन में

ओह, मेरी बारिश आश्रित नाम
भूत दुरू ख के साथ सुगंध
और अज्ञात दुख-बड़ा समय
मेरे बारे में बहुत कुछ कहना ज्यादा नहीं है

स्मृति चिन्ह मोरी

भारी दुख तनहे
मेरे कंधे से
अनाज की एक बोरी की तरह
यह दिल फर्श पर पूर्ण सेट है

**Timeless Poetry in a Timeless Land, A Brief Review of
Richard Marvin Grove and John B. Lee's
Two Thousand Seventeen (Poetry) (2018)
Sanbun Publishers. New Delhi. India**

India is a wondrous land of mystique to the outsider's eyes, a
nation of reverence and love to its people. Richard Marvin Grove
and John B. Lee are lucky to see their book published in that
country as well as translated into Hindi – the book is fully in
English and Hindi. There is no doubt that the Indian reader will
be fascinated by their poetry in return. They will touch many
hearts and nourish many minds with the power of their unique
voices. Their poetry sings of the every-day things that pulse in
the lives and minds above culture, language or creed: family,
friends, love, respect, places and memories.

These motifs are served to the reader with delicate, humorous,
intimate and honoring tidbits of nostalgia. Mr. Grove's and Mr.
Lee's masterly and generously mold their distinctive style.
Universal themes and subjects are recreated in their lines, bringing
their lives to us, their remembrances of special locations that are
special because their next of kin, their ancestors and their off-
spring, coloured them with their presence through the years.
Homeland is at the center of their writing, so are their families
and many others whom they have met in their friendship-packed,
ever-blessed journeys towards the timeless slumber.

There is kindness fluttering from Grove´s very first poem, "thank
you gentle friend," which introduces the tone of the book.
Intimacy and description of personal contexts flow from line to
line in the book easing the Hindu reader into his world. The

descriptive feature is masterfully evident in the poem *"Bike ride was cold to iced edge"*: *"sunsets over lake / grey pink quivers / in February breeze."*

A conversational mode characterizes Grove's poems, involving the reader, as an optimist, philosophical view rustles underneath: *"How wonderful it is to be digging. / How wonderful to be able to dig."* The poet sings to the facts of life and living. He exults the physical act of digging in the garden – connecting with nature – and rejoices in the spirituality that emerges from it.

We will enjoy the great poet too, magical in his images, ones we can almost touch or feel to be direct witnesses to: *"Dimming cloudless sky rakes bare branches, / black, resting in sliver moon's silver slide. / Thousands upon thousands, waves / of Red-breasted Mergansers dip and glide east, / into darkness / undulating, riding primitive tide of survival / under Jupiter's timeless eye."* Grove is on fire, regaling us with these magnificently combined metaphors.

One of Grove's poems in particular had an impact on me because I was born on September 11, 1965, "High Bluff Island September 11, 2010." Grove delineates natural scenery echoing spine-tingling sequels of the 2000 attack to the US towers: *"the seething cacophony / of writhing life has turned / to a battlefield of skeletal remains... / twisted sun-bleached rags, / progenitors legacy, now hollow / shells, tomorrow's dust / the foundation of life."* Yet, upon such vision, the poet seeks out faith, fortitude and confidence in "the foundation of life."

Grove´s section in this book is like a journal. He brings his ideas together in a symphony of love, family, friends, experiences and memories. He cannot write his poems without the outpouring of his everydayness – and everynightness! These elements will strike home with the Hindu soul in such a way that they will revel in his carefree yet committed-at-the-core style. One poem title summarizes, for me, the essence of Grove's signature as a poet: "In the Deep Heart's Core," there lies all the power of his writing.

In the Deep Heart's Core

Owed to Yeats and his poem "The Lake Isle of Innisfree"

I will rise tomorrow and return
to our home on-the-frigid-shores
of Lake Ontario
snow-laden deck. Pines
in the back, looming,
will greet me and I will have
some peace there
where calm   whispers
through the silent red
of dogwood, branches
perched upon by darting chickadees
foraging in winter solitude.
Midnight there will glow in quiet
silver moon's still beam,
a calm that will hush
into   my   long silence.

I will rise tomorrow and go
into the squeaking footfalls
of a walk on a chill afternoon
hand in hand with Kim away from these
sand-swept shores
of Havana east. I can already hear
the ice calling me home,
a shore-washed welcome
of broken frazil. I hear it
in the deep heart's core
this shore-chattered welcome.

Grove says he was honored to be published in this book with John B. Lee, an icon of Canadian poetry. Lee opens his section with a splendid, soul-caressing piece that starts: *"I wake in the morning / to the crimson hallelujah / of divine sunrise."* From there, a rainbow of depictions, narrations, colours, experiences carrying the reader elsewhere and everywhere: *"brilliant-winged tropical hallucination / something from the forests of Sri Lanka / something from the treetops / of Costa Rica / the lost green song of a canopy / ringing the bells / and climbing up the Lilliputian ladders / of their farmhouse kitchen..."*

Lee also pays tribute to family, especially his mother: *"Marilyn Monroe / and my mother / were born the same year / and my mother / born in the little house / on the hardscrabble farm near Mull Crossing / was also a great beauty / my mother / in the apple orchard / wearing a ragged straw hat / her hair / still long to her shoulders / captured in a late-summer photograph"*

Lee reminisces and philosophizes as well in his poetry, trying to find answers to his questions and doubts: *"and I wondered for a moment / am I alive enough / to listen like / an infant-unborn swimming / through water sounds / towards a second darkness / lost as I am in the first."*

We will feel the romantic poet in Lee in his poem "Oh Silo My Columbarium", roaming physically and mentally, giving the readers an idyllic vision harmonized with a mature view of his own.

Oh Silo My Columbarium

for me
the ghost on the hill of the family farm
comes shaded
in the white-shadow-shape
of the silo by the barns
for it has lost its all
from the fragrant seasons
of my youth
when the air seemed sorghum sweet
in the early fall
and the silage line
came greening up the inner walls
like the harvest as a water line
in a handsome well
how high the ladder went then
with the rung's force
in the instep of the man
assigned to climb
out of the earth
and into the blue circumference
of a circle of sky
as though he were rising
to the limits of heaven

in that litmus of light
encompassed by an azure describe
of something portioned by desire
for divine ascension
like mist in the mind of morning
and I remember
how winter formed on the ten tined fork
in the redolent curve of wet feed
as it fell to strike its odour
rung by rung descending to the floor

how like a columbarium
that choir of pigeons worshiping dawn
in flights of the silo's dovecote
preening the iridescent beauty of their blue-green feathers
shitting as they flew
up and out of a shattering white like milk splash
and the after-stain of faded lime gone spirit grey
why then
is it with lamentation alone
that I mourn
the vacant ground
where walked my father
like a patch of fog
adrift in the solid reasons that we live
all melted away
like fruit from seed and leaf from shade
and thus our branches break at the graft
in sun-cast weather
when the weight of darkness feels
like the burden of light

These poems are Grove and Lee, blending faith, tradition, time, death, and much more with outstanding expressive means and stylistic devices that never repeat themselves. The fountain of imagery expressed by both writers and the freshness in their style do not cease to amaze me – and I have had my share of poetry reading in my life! I wish the reader as much joy and enlightenment as I had with this book. Thank you, Richard. Thank you, John.

MSc Miguel Ángel Olivé Iglesias
Associate Professor
CCLA Cuban President
CCLA Author, Reviewer and Editor

"Two Thousand Seventeen" Collection of Sesqui-
centennial Poems" by Richard M Grove and John B. Lee
Publisher Sunbun Publishers New Delhi India.
– with Hindi Translation

I am an Indian writing in English and I write poetry which in this
Sub Continent is known as Indian English Poetry, with its own
distinction, flavor, color, taste, emotions and an expression which
is unique in itself. India is known as a poor country with extremes
of poverty and people surrounded by squalor, and living in slums
and sub human conditions. All of this has a profound influence
on our poetry.

India was ruled first by conquering Muslims from Afghanistan
and Persio-turks known as Mughals for almost 750 years; then
we were ruled by the British for over 250 years. English was
introduced as a medium of instruction and with teaching of
English literature. The Indian Poets were influenced by Victorian
and Elizabethan poets and their enormous writing. Even today
in schools and colleges the poetry of Milton, Keats, Yeats , Shelly
and a large majority of Poets of those eras is taught to students.
Despite this influence, now Indian English has come to grow and
flourish with Indians writing keeping in the back ground their
age old culture and influence of their oldest civilization.

I have to admit that I have not read much of Canadian or American
poetry or from other British influenced English countries like
Australia and New Zealand. So now when Richard M. Grove sent
me his work by email, I realized his mind boggling experience.
His poetry is more about an expression of the poet facing the
sub-zero temperature of his northern winter climate. Here is an

example of his life in the freezing world: *"A few days ago we experi-enced a winter storm. / Everything was covered with an inch of ice. / Shining branches bowed in submission, / my car a glistening sculpture. / Against my better judgment / I went out for a walk on that day and slipped / and fell hard. Picture this Blue Bear, / as Adonay calls me, flying in the air / winter boots three feet off the ground …"*

His poems reveal that he is not living in a big town or in a pop-ulated city but in a place near a lake which freezes and the poems, in a large number, express his feelings with the environment he is facing, as is the case, with the poem "The Silence Between Notes". *"I just returned from a long walk / out my back door into the park / west along the deserted road / two cold boulders that mark the path / heading south to the open lake. / It would be pitch black / if not for the bright snow / reflecting moonlight up / into a cloud-stippled sky. / Whipping snow / fills the -13oc air. / Trudging is almost perilous / as I push blindly through icy rutted path / under dark branches hanging low / making the snow vanish / into a timeless abyss."*

As I said we are totally immersed in our Indian culture, in our poverty and its attendant vicissitudes. We express our agony, chagrin, our despondency, frustration, our pain, anger, angst, our joys and sorrows, our privations under our religious and cultural influences. We Asians are much deeply influenced by our religious and superstitious upbringing and our ideology is fully marked in our writings, be it prose or poetry. In this book, Richard expresses himself, not in religious and cultural terms but in reference to weather. All the way through this sensitive book he talks about climatic conditions as is found in the poem *"Kayaking on the Ripples of Indian Summer": leaves chatter against gentle shoreline-lapping / sun warms bare legs after cold paddle-dipping sparks zing / east / home / resting / after restorative invigorating strokes into fall's black bay / yin and yang balance restored / soul sings"*

The reading of Richard's poems brings us into his personal isolated experience. I am not an academician and my poetry is totally steeped in mysticism and of a practicing Sufi arising from a subject of Sufism which is Islamic Spiritualism. We believe in existence of a mighty Powerful, Magnificent and Beneficent Lord who has given us Divine decree to follow and surrender. My voice, as a poet, is the voice of my soul and my consciousness while I find the voice of Poet Richard is an experiential voice of facing the environment and living without a neighborhood. His poetry is bereft of interaction with humanity or of pain, anguish, anger, disgust, love, sexual feelings and emotions which we experience in this Indian temperate region with temperature shooting up to 45 degree centigrade with acute water and electricity shortage compared to the comforts of living in a super rich advanced country like Canada. Richard talks about leaving the comfort of his office to find yet another freezing experience that turns into the first stanza of his poem titled *"Woodstock Invasion"*: *After a long arduous desk-hunched day / my darling wife beckoned me / for a -17oc wind whistling walk / to clear my frazzled monitor-flickered brain. / South towards the lake, wind-pelted, / head hunched, frosted glasses. / A half mile down the road / we see a distant black undulating V / stitching grey quiet sky, / fifty Canada Geese slowly swelling / towards us. The discord of dissonant honking / gradually filling the air."*

I will ultimately failing in my review of Richard's poetry for I have not experienced the life in a rich country and living in subzero temperature and harsh conditions. His experience and consequently his poetry is absent of color, smell and the excitement I find in my country. Our poems are marked with rhyme and nuances of British poets of earlier eras as taught to us though Richard does touch on the British influence which is in his poem "In the Deep Heart's Core" influenced by the Irish poet Yeats. He has respectfully dedicated the poem as such: Owed to Yeats and his poem "The Lake Isle of Innisfree". I will quote here only Richard's first stanza: *"I will rise tomorrow and return / to our home on-the-frigid-shores / of Lake Ontario / snow-laden deck. Pines / in the back, looming, / will greet me and I will have / some peace there / where calm whispers / through the silent red / of dogwood, branches / perched upon by darting*

*chickadees   / foraging in winter solitude. / Midnight there will glow in quiet /
silver moon's still beam, / a calm that will hush / into   my   long silence."*

In any case the poems of Richard bring me the enjoyable experience
of knowing a Canadian poetical voice. This style of poetry is new
to me and I enjoyed it thoroughly, I shall try to emulate it. I
congratulate the Poet for getting his poetry translated into Hindi
and getting it published in India for Hindi readers.

I close with warm regards and fond wishes to Richard and his
fine writing.

S.L. Peeran
Bengaluru, India
Urdu & English Poet
Editol – Sufi World from Benguluru

John B. Lee was inducted as Poet Laureate of Brantford in perpetuity in 2005. The same year he received the distinction of being named Honourary Life Member of The Canadian Poetry Association and The Ontario Poetry Society. In 2007 he was made a member of the Chancellor's Circle of the President's Club of McMaster University and named first recipient of the Souwesto Award for his contribution to literature in his home region of southwestern Ontario and he was named winner of the inaugural Black Moss Press *Souwesto Award* for his contribution to the ethos of writing in Southwestern Ontario. In 2011 he was appointed Poet Laureate of Norfolk County (2011-14) and 2020 he was appointed the Poet Laureate of the CCLA Canada Cuba Literary Alliance. In 2015 Honourary Poet Laureate of Norfolk County for life and in 2017 he received a Canada 150 Medal from the Federal Government of Canada for "his outstanding contribution to literary development both at home and abroad." A recipient of over eighty prestigious international awards for his writing he is winner of the $10,000 CBC Literary Award for Poetry, the only two time recipient of the People's Poetry Award, and 2006 winner of the inaugural Souwesto Orison Writing Award (University of Windsor). In 2007 he was named winner of the Winston Collins Award for Best Canadian Poem, an award he won again in 2012. He has well-over seventy books published to date and is the editor of seven anthologies including two best-selling works: *That Sign of Perfection*: poems and stories on the game of hockey; and *Smaller Than God*: words of spiritual longing. He co-edited a special issue of *Windsor Review—Alice Munro: A Souwesto Celebration* published in the fall of 2014. His work has appeared inter-nationally in over 500 publications, and has been translated into French, Spanish, Korean and Chinese. He has read his work in nations all over the world including South Africa, France, Korea, Cuba, Canada and the United States. He has received letters of praise from Nelson Mandela, Desmond Tutu, Australian Poet, Les Murray, and Senator Romeo Dallaire. Called "the greatest living poet in English," by poet George Whipple, he lives in Port Dover, Ontario where he works as a full time author.

Richard Marvin Grove, otherwise known by his nickname, Tai, was born into an artist family in Hamilton, Ontario, on October 7, 1953.   His photography and digital paintings have been on the cover of more books and periodicals than any other Canadian artist. His book of digital paintings and poetry entitled "Sky Over Presqu'ile", was published in 2003, "Substantiality" a book of digital paintings was published in 2006 with a book of photography entitled "Oxido Rojo" released in the fall of 2006 followed by a book of Photography entitled "terra firma". Richard shared the titles "North of Belleville", poetry by James Deahl, photography by Richard M. Grove and "In This We Hear The Light", poetry by John B. Lee, photography by Richard M. Grove. "Beyond the Seventh Morning" includes 16 black and white photographs as the solo photographer of the book.

Along with his visual art Grove has been writing poetry, fiction and memoirs, seriously for decades and has had over 100 of his poems published in periodicals and has been published in over 30 anthologies from around the world. Including his poetry and photography he has 20 titles to his name. To mention only two of his poetry titles, his book entitled "Beyond Fear and Anger" was released in 1997 and his book "Poems For Jack" was released in 2002. His collections of short stories include "Psycho Babble and the Consternations of Life" was published in 2008. "The Importance of Good Roots" was published in 2013 – both of these books include selected poems. Richard is the author of two novellas; "The Family Reunion" was published in 2010 with "Living in the Shadow", a realist fictional-autobiography, was published in 2016. Grove is the author of 5 travel memoirs "A View of Contrasts: Cuba Poems" was published in 2000; "A Trip to Banes, Cuba 2002 was published in 2008; "From Cross Hill was published in 2008, "Trapped in Paradise: Views of My Cuba" was published in 2011; with "Destination Cuba" published in 2014.

He is an editor and publisher and runs a growing publishing company Hidden Brook Press from which he publishes books of every genre for authors around the world. Aside from being a published poet, Grove has also exhibited his poetry in acrylic on paper paintings as well as in audio sculptures. For his poetry and prose, Richard has won a few prizes and honourable mentions as well as a finalist spot in two contest anthologies. For his short stories he has won a top ten prize.

Richard now lives with his wife, Kimberley Elizabeth (Sherman) Grove, also a writer, editor, in Presqu'ile Provincial Park, Brighton, Ontario, situated halfway between Toronto and Kingston, south of the 401 hwy on Lake Ontario. Their location is a constant inspiration for their work. They have two B&B rooms in their house that they rent to birders, writers and artists.